¿QUÉ HAY DETRÁS DE LA TACAÑERÍA?

María Montero

¿QUÉ HAY DETRÁS DE LA TACAÑERÍA?

Cuida tu dinero

¡No te pases!

EDITORIAL
LETRA MINÚSCULA

Primera edición: abril de 2023
ISBN: 978-84-19705-40-2

https://legadosbymariamontero.com/contacto/
Editado por Editorial Letra Minúscula
www.letraminuscula.com
contacto@letraminuscula.com

A mi amado esposo Manuel, gracias por tu
apoyo incondicional.

Este libro es tanto mío como tuyo.

Índice

INTRODUCCIÓN

Hace unos años me encontraba en un proceso de reinvención personal que involucró la búsqueda de una nueva actividad, el cual me llevó a escribir un *blog* de finanzas personales, tema que me apasiona y acerca del cual, dada mi formación, trayectoria profesional y mi propia experiencia personal, sentía que tenía mucho que aportar.

Así fue que aquello que empezó como un *blog* más sobre el tema, con el pasar de los meses trascendió los conceptos financieros, para transformarse en una visión más profunda y amplía del papel que juega la abundancia en nuestra vida. Abundancia era el tema central que había escogido para mi tercer libro, el cual había empezado a escribir, pero, por alguna razón que no descifraba, a diferencia de mis anteriores obras, este no avanzaba de la manera que esperaba.

Fue entonces cuando, con esta sensación de estancamiento, me percaté un día de que un artículo que había escrito y titulado ¿Qué hay detrás de la tacañería?, atraía el mayor número de visitas a mi *blog*. El interés en el tema de la tacañería que, lejos de disminuir en mis lectores, aumentaba con el tiempo, llegó hasta el punto en que fue imposible de ignorar.

Por esta razón, quise profundizar en las búsquedas que se realizaban y por las cuales tantas personas de diferentes países llegaban a mi artículo:

- Personas que querían tener una definición más clara de: *¿Qué es ser tacaño?*
- Personas que se preguntaban: *¿Soy tacaño?*
- Personas que investigaban: *¿Cómo lidiar con un tacaño?*
- Personas que trataban de encontrar la razón por la cual su pareja era tan mezquina, entre otras.

Eran búsquedas tan puntuales sobre el tema que despertaron aún más mi curiosidad y me llevaron a indagar y a aprender más sobre el asunto. Pero, para mi sorpresa, encontré muy poca información, ya que, aparte de algunos artículos y estudios de temas relacionados, la investigación específica del tema es limitada.

Sin embargo, dado el notorio interés, intuía que la tacañería está presente en nuestra cotidianidad más de lo que pensamos, e impacta nuestras vidas más de lo que creemos. Fue así como, un tema tan particular como la tacañería suscitó tanta atracción en mí que acabé desechando la idea inicial que tenía para mi libro y me concentré por completo en responder las preguntas que todos aquellos a quienes nos interesa este tema nos hacemos.

Ideas en torno a la tacañería que han sido abordadas a lo largo de nuestra historia desde la ciencia, la sicología, la literatura, la filosofía y la religión, entre otras, con interesantes propuestas, pero entre las cuales no existe aún consenso sobre qué es la tacañería, razón por la cual mi propuesta para ti en este libro, es hacer un camino exploratorio distinto.

Te propongo así hacer un recorrido diferente a través del cual no pretendo darte todas las respuestas, pero sí plantearte nuevas ideas y conceptos que te permitan hallar esas motivaciones profundas que pueden haber permanecido ocultas hasta ahora. Una travesía que permita entender con mayor claridad y definir cuál es en realidad el problema, para descifrar esa verdad humana que guía las acciones de la tacañería. Hallazgos de lo no obvio, que nos permitan llegar a la raíz de la cuestión, como punto de partida para encontrar una solución.

Una senda a través de la cual te ofrezco una perspectiva diferente, para que cuestiones lo que sobre el tema crees saber, te plantees nuevas preguntas, saques tus propias conclusiones y descubras por fin...

¿Qué hay detrás de la tacañería?

Todo empezó con este artículo.

¿QUÉ HAY DETRÁS DE LA TACAÑERÍA?

Seguro tienes algún conocido que siempre te pide que le devuelvas la llamada para no gastar sus minutos, que se cuela en reuniones para comer gratis, que nunca paga la cuenta, que revisa el detalle para descubrir quién pidió el plato más caro y demanda solo pagar lo que él consumió, que olvidó su billetera cuando se pide apoyar una causa benéfica y cuyas conversaciones giran alrededor de que no tiene dinero y de lo costoso que es todo. Si estas incomodas escenas que muchas veces llegan a la mezquindad te resultan familiares, estás frente a un tacaño.

En esencia, la tacañería es lo opuesto a la generosidad, y no se limita al dinero. Por lo general, las personas tacañas son envidiosas, egoístas, egocéntricas y obsesivas. Creen tener la razón en su forma de actuar y siempre acaparan la atención con su comportamiento, restándoles importancia a los demás.

Aunque hay algunos estudios relacionados al tema, aún no hay consenso sobre las causas de la tacañería. Sin embargo, esta puede tener su origen en experiencias de carencia, de escasez emocional y material, lo que lleva a las personas tacañas a esconder una profunda inseguridad acerca de sus propias capacidades y de lo que el futuro les puede proveer. Por lo cual los tacaños tienden también a ser personas quejumbrosas, negativas y pesimistas.

Hacia donde los seres humanos enfocamos nuestra atención, va nuestra energía, y en eso se convierte nuestra vida. Por ello, para un tacaño su vida se centra en acumular y retener. Por lo cual tampoco disfruta nada de lo material que obtiene, y rara vez consigue generar riqueza, pues vive inmerso en el miedo, visualizando un futuro de pobreza. Así, mientras que una persona generosa da, encontrando en ello satisfacción; una persona mezquina acapara, y dar le resulta incómodo y le genera ansiedad.

Solemos asociar a este comportamiento con el dinero, sin embargo, una persona tacaña suele ser mezquina también en otras facetas de su vida, pues tampoco son colaboradoras, buenas ciudadanas, vecinas o amigas, y muy pocas tienen relaciones de pareja felices y duraderas, al tiempo que nunca dan sin esperar nada a cambio.

Todo lo contrario a la abundancia, que es un pensamiento y un sentimiento positivo que nos lleva a confiar en nuestras posibilidades, sin insanos apegos por lo material, ya que vemos el mundo de forma positiva y agradecemos por todo lo que tenemos y por lo que la vida nos ofrece. El pensamiento de abundancia nos lleva a ser creativos en las formas de generar riqueza en infinidad de formas, para nosotros y los demás, al tiempo que entendemos a la generosidad como nuestro mayor potencial de grandeza.

CAPÍTULO 1:
¿QUÉ ES LA TACAÑERÍA?

Seamos o no conscientes, todos hemos construido a lo largo de nuestra vida una relación con el dinero. Esta empieza desde que somos muy pequeños, incluso mucho antes de que hayamos tocado un centavo, pues vamos materializando, sin ser conscientes, la idea de lo que el dinero es y el significado que tiene en nuestra vida, como resultado de lo que vemos, oímos o percibimos de nuestro entorno.

Es así como, para algunos, el dinero es un medio para lograr calidad de vida, mientras que para otros significa estatus y poder, y para otros tantos es sinónimo de aberración o miedo. La lista de conceptos contiene todos los valores y creencias inimaginables, en medio de infinitos matices alrededor de diferentes definiciones y actitudes hacia el dinero que, por lo general, son independientes de los ingresos reales que se tienen.

Estas múltiples posiciones implican una gran carga emocional, ya que, nos guste o no, sabemos que dependemos del dinero en el plano material, pues lo necesitamos para nuestras necesidades más básicas, como comer, vestir, disponer de un techo o transportarnos a diario, por lo cual el dinero es, sin duda, importante para satisfacer nuestras necesidades presentes y futuras, lo que implica garantizar nuestra supervivencia y la posibilidad de sentirnos seguros.

Por el contrario, su carencia limita nuestro bienestar y posibilidades de vida, nos acarrea problemas y es una de las principales fuentes de estrés hoy en día, ya que no tener lo suficiente para acabar el mes, para suplir las necesidades propias y las de nuestra familia, o padecer la incertidumbre de no saber si hoy lograremos ganar algo, es devastador para cualquiera. De allí que la mayoría propendamos por cuidar este activo que nos cuesta tanto ganar e intentemos mantenerlo y protegerlo de forma instintiva, pero esta buena intención de proteger un recurso valioso, a muchas personas las lleva a ser en extremo cuidadosas y hasta obsesivas.

Desde esta perspectiva, la sola idea de gastar les genera mucho estrés, enojo y ansiedad. De esta forma, caen en una obstinación inconsciente que los conduce a un oscuro abismo en su relación con el dinero la cual termina marcada por el afán de retenerlo y por una excesiva preocupación acerca de su situación financiera, lo que les produce una sensación permanente de que este recurso nunca es suficiente.

Si bien la relación con el dinero no es el único aspecto donde se hace presente la tacañería, es tal vez en el que se hace más fuerte y visible, y, con el tiempo, llega a impactar el estado de ánimo y en la forma en que piensa, siente y se comporta esa persona. Esta situación termina por someterla a un marco mental limitado, que la lleva a abstraerse del mundo que le rodea y afecta su capacidad de relacionarse con los demás y de funcionar cada día.

La Real Academia Española define al tacaño como una persona que escatima excesivamente en el gasto. Exceso que equivale a tener un gran desequilibrio, con una consecuencia que es evidente en sus vidas, ya que el desbordarnos en una conducta que la mayoría solemos reconocer como rasgos de tacañería, implica el descuido o el déficit en otras. Estas son muestras de escasez que todos en alguna medida o en algún aspecto podemos tener cuando escatimamos y somos renuentes a compartir con los demás, pero que, por lo general, solo presentamos en algún aspecto, de manera ocasional o en cierto nivel. Sin embargo, en algunas personas puede ser totalitario y crónico, lo que, con el tiempo, afecta su calidad de vida y la de aquellos que las rodean, hasta el punto de tener una alta probabilidad de convertirse en una patología que requiere atención profesional.

REFLEXIÓN 1

El dinero es definido como un conjunto de activos en una economía que las personas usamos como medio de pago para comprar y vender bienes y servicios. Pero, apartándonos de la definición, como vimos, cada uno de nosotros tiene su propia definición de lo que el dinero es y el significado que tiene en nuestra vida.

Por ello es importante empezar por dilucidar qué es en realidad el dinero para ti, qué importancia le das en tu vida y cuál es tu relación con él. Es así como, las siguientes preguntas te ayudarán a tener un panorama más claro (no hay respuestas buenas o malas, correctas o incorrectas, pero es importante que tus respuestas sean genuinas):

¿Qué es el dinero para ti?
Algunos ejemplos de respuestas: es una necesidad, es un mal necesario, es un problema, es un fin, es poder, es éxito, es estatus, es libertad, es bienestar, es seguridad, es una mejor calidad de vida, es avaricia, es consumismo, es una forma de explotación de otros, es un demonio…

¿Qué emociones te genera el dinero?
Algunos ejemplos de respuesta: miedo a no tener suficiente o a perder el que tienes, culpa por no ganar más o por no saberlo administrar, vergüenza por tener más o menos que los demás, envidia, porque al comparar el dinero que otros tienen te sientes inferior.

¿Tiene el dinero importancia en tu vida?
Sí o no.

¿Cuántas horas al día trabajas para ganar ese dinero?
Cuatro, ocho, diez, doce o más.

¿Qué porcentaje es de tus veinticuatro horas?

Reflexiona acerca de tus respuestas a las siguientes preguntas:

¿Tiene relación el tiempo que inviertes en ganar dinero con la importancia que este tiene en tu vida?
Sí o no.

¿Gastar dinero te produce estrés, frustración, enojo o ansiedad?
Sí o no.

¿Sientes que ganas lo suficiente para vivir cómodamente?
Sí o no.

Si tu respuesta anterior fue no, ***¿cuánto más necesitas ganar?***

¿Cómo describirías tu relación con el dinero?
Buena, mala o susceptible de mejora.

CAPÍTULO 2:
¿QUÉ NO ES LA TACAÑERÍA?

En la actualidad, es común que las personas asuman conductas que responden más a lo que la sociedad impone que a lo que ellos consideran les puede traer bienestar. Así, por ejemplo, en la carrera consumista sin fin por obtener cada vez más estatus, posesiones materiales o dinero, y donde siempre hace falta algo más, se llega hasta el punto en que terminamos olvidando las razones por las cuales estamos haciendo lo que hacemos y persiguiendo obtener lo que nos hemos propuesto.

Perdemos el rumbo de lo que en realidad alguna vez quisimos hacer y de aquello que estaba en sintonía con nuestros valores y nos hacía felices. De esta forma, pasamos a vivir de las alegrías momentáneas que las cosas materiales nos brindan, para luego percatarnos de que una vez obtenemos lo que queríamos, ya no hay ningún interés ni valor en ello, pues es muy posible que, en nuestro interior, sepamos que eso no es lo importante y que allí no está nuestra felicidad.

Sin embargo, pese a la desazón, esto pocas veces nos lleva a parar, ya que, sin ninguna reflexión, de manera automática, volvemos al ruedo después de habernos fijado una nueva meta, ya que, de manera inconsciente, vivimos buscando la dicha en todo lo externo, sin siquiera cuestionarlo. Lo que constituye una carrera sin fin por la vana ilusión de que una vez consigamos lo que creemos necesitar, vamos a lograr la satisfacción, con una añoranza que nos puede mantener en un proceso de búsqueda que puede durar toda la vida.

De esta manera, si somos de aquellos que derrochamos nuestro dinero creyendo que en lo material esta la única medida de nuestro éxito y que nuestra felicidad depende de ello, tenderemos a ver a los demás como tacaños, y, en consecuencia, nos parecerán extrañas aquellas personas que no ven en los objetos su felicidad ni han caído en el consumismo, personas que solo se pueden permitir gastar en lo que es indispensable, o que se toman su tiempo para deliberar antes de decidir si lo que quieren obtener, lo necesitan en realidad y si es lo más conveniente para ellas.

Estas personas son aquellos seres humanos capaces de apartarse del comportamiento de las masas y con convicción decidir qué fin le quieren dar a su dinero en pro de una vida más plena. De modo que gastan con una mayor consciencia en aquello que les da una real satisfacción personal, calidad de vida y mayor bienestar. Todos estos casos, que como vamos a ver, no se pueden confundir con la tacañería.

LA POBREZA

Supón por un momento que tú eres el personaje de esta historia. Tienes treinta y cuatro años, estás divorciado y tienes a cargo a tu único hijo.

Te desempeñas como operario en un trabajo de tiempo completo, donde ganas el salario mínimo. Con ese ingreso vives al día y tienes que hacer mil malabares para llegar a fin de mes.

Justo en este momento, aún faltan dos días para tu pago y te has dado cuenta de que ya te has quedado sin dinero. Para rematar, esta mañana usaste el último pasaje que te quedaba en tu tarjeta de transporte.

En consecuencia, hoy no te encuentras de buen ánimo, te la has pasado con dolor de cabeza y has cometido varios errores en tu trabajo.

La verdad es que solo has podido pensar en cómo harás para pagar tu pasaje de vuelta a casa pues, vives a dos horas en bus de la fábrica donde trabajas.

También debes llevar algo de comida, pues tu refrigerador y tu alacena están vacíos y no has podido pagar en la tienda donde te fían.

El mes pasado tu hijo enfermó. Debiste trasladarlo al hospital, pagar la consulta médica y comprar medicinas. A su vez, estás atrasado con la renta, por lo cual temes quedarte sin techo.

Tu empleador te ha negado un adelanto de tu salario y la mayoría de tus colegas ya te han prestado, por lo cual sientes que sería muy cara dura de tu parte volverles a pedir dinero.

Tu familia vive en el campo, y no cuentan con el dinero.

Hoy no te ha quedado más opción que volver a casa caminando. Llegarás bastante tarde y le has pedido a tu hijo que no te espere despierto. Como muchos otros días, hoy se acostará sin cenar.

En esta hipotética situación, uno alcanza a imaginar la angustia e impotencia que se puede sentir. Viendo este tipo de situaciones, no es difícil deducir que la pobreza no se limita solo a la carencia de dinero, pues su multidimensionalidad causa mayores problemas de salud física y mental de los que normalmente reconocemos, ya que la falta de dinero muchas veces somete a las personas a niveles de estrés, ansiedad y depresión, permanentes por las situaciones que enfrentan a diario, lo que las mantiene en un estado de alerta constante por sobrevivir dada su realidad de precariedad, adversidad, incertidumbre y falta de seguridad.

Estas circunstancias además afectan sus capacidades mentales, pues quién puede pensar en otra cosa que no sea conseguir comida cuando se tiene hambre. Así, en la pobreza, las preocupaciones financieras acorralan todo el tiempo y también reducen la capacidad cognitiva, pues no queda espacio para ver más allá de nuestra realidad inmediata. Esto impide tomar decisiones adecuadas y poder ver las posibilidades que se tienen para resolver los problemas. Mucho menos permite descubrir, desarrollar y aprovechar, las capacidades y talentos que se tienen, lo que priva a las personas de desarrollar su potencial y de tener reales posibilidades de progreso.

Esta precariedad confina a vivir en un círculo vicioso que impide aprovechar las oportunidades que les permitirían acceder a la movilidad social. Sin embargo, aún con este ejemplo, para la mayoría de las personas que tenemos el privilegio de tener nuestras necesidades básicas cubiertas, es imposible dimensionar lo que es en realidad la pobreza, pero podemos acercarnos a tener una mayor comprensión de ella cuando partimos de la convicción de que nadie es pobre por elección y que la pobreza tampoco se puede confundir con la sencillez ni con la humildad, ni que sus dañinas consecuencias se limitan al ámbito de la carencia de recursos económicos, pues como hemos visto en el ejemplo, la pobreza trasciende a todos los aspectos de la vida de una persona y la margina a vivir de manera indigna, sin posibilidades de construir un futuro de bienestar.

De esta forma, para entender un poco mejor lo que es la pobreza, también podemos encontrar sus claras diferencias con la tacañería, ya que un gran porcentaje de las personas tacañas que conocemos, no tienen una dificultad real para pagar sus cuentas o llegar a fin de mes, pero se reúsan a usar su dinero, de hecho, muchos cuentan con el dinero suficiente para vivir con comodidad, pero se niegan de forma rotunda a gastarlo, incluso cuando hacerlo les representa un beneficio personal.

Así, sin una explicación que podamos definir como racional, de forma visceral, odian desprenderse del dinero e, independiente de su situación económica, siempre actúan como si vivieran en la miseria, lo cual es diferente a una persona en necesidad, quien no tiene opción de decidir ni de gastar dinero, aún si así lo quisiera.

LA FRUGALIDAD

Hace unos días fui a tomar un café con una amiga y, al contrario de lo que solíamos hacer, esta vez ella no pidió los deliciosos panecillos de chocolate que venden en el lugar, pues me contó que un su último chequeo médico, su doctora le recomendó bajar de peso, por lo cual estaba tratando de llevar una dieta más baja en calorías, lo que yo entendí como un esfuerzo consciente por optar por una dieta más moderada, con porciones pequeñas pero suficientes para alimentarse bien. En conclusión, ella intentaba llevar una dieta más frugal. Sin embargo, las palabras que usó para expresarlo fueron que ahora estaba comiendo de manera «tacaña», lo que mi cerebro de inmediato interpretó como que después de sus comidas, ella quedaba hambrienta. Entonces pensé: «¡Qué buena analogía para describir la diferencia entre lo que es ser frugal y lo que es ser tacaño!» Porque justo en eso radica la diferencia.

Ser frugal significa ser muy cuidadoso en el manejo del dinero y propender a este no se desaproveche. También significa asegurarse de tener todo lo esencial, y es por ello que me gusta describir la frugalidad como vivir sin que nada falte, pero sin que sobre tampoco. Así, para una persona frugal, gastar en lo que considera necesario, no implica un mayor sacrificio, no quedará siempre «hambrienta», mientras que un tacaño puede incluso escatimar en lo que es primordial, porque su visión del futuro es catastrófica, de escasez, con una expectativa muy pesimista.

Por el contrario, una persona frugal tiene una visión futura más optimista y, de hecho, puede haber decidido de forma consciente vivir por debajo de sus posibilidades, mas no en la miseria, en pro de una visión más grande. Lo que la lleva a tomar decisiones financieras más estratégicas en el presente, en procura de un bienestar posterior. Su estilo de vida llama la atención en un mundo consumista, pues lo que muchos ven es que estas personas, a medida que su ingreso crece, no aumentan sus gastos y continúan viviendo de manera sencilla.

Hay casos en los que incluso así su ingreso sea considerable, viven en una casa austera, usan ropa común, no tienen autos de alta gama ni grandes lujos, y su nivel de gastos se mantiene bastante moderado. Por supuesto, un estilo de vida austero que no escapa al escrutinio ni a la crítica de los demás, y que puede llegarse a confundir con la tacañería, ya que muchos se preguntan por qué si pueden comprar lo que desean, no lo hacen. Este comportamiento es difícil de comprender ante los ojos de los demás, ya que, en una persona que ha optado por la frugalidad, el uso del dinero siempre va a depender de aquello que en realidad valoran en la vida.

Esta perspectiva dista mucho de lo común en nuestra sociedad, donde muchas personas trabajan largas horas para consumir y acumular objetos que, en muchas ocasiones, no necesitan y que terminan por convertirse en basura. Por el contrario, una persona frugal puede valorar más lo intangible, como la tranquilidad, su tiempo o su bienestar financiero, lo cual la lleva a evitar, por ejemplo, depender de un empleo o de una sola fuente de ingresos, o caer en patrones consumistas. Esta persona opta por tener una mayor libertad para tomar decisiones en su vida, con lo que, con toda seguridad, estará invirtiendo en su vida de ensueño, solo que estos valores en los cuales invierte, pueden ser considerados extraños, porque en un mundo que busca exhibición en lo material, estos activos son invisibles para la mayoría.

EL AHORRO

La palabra ahorro, para algunas personas, puede tener un aura inspiracional. Cuando la escuchamos, solemos pensar que queremos ahorrar para aquellas cosas que deseamos en la vida, como pueden ser la compra de una casa, los estudios de nuestros hijos, el viaje que soñamos realizar o un buen retiro. Y es que el ahorro es sin duda una herramienta importante para lograr los objetivos que nos proponemos en la vida. Además, el ahorro nos brinda la sensación de que estamos manejando bien nuestro dinero, porque lo estamos protegiendo con la esperanza de hacerlo crecer.

Adoptar el hábito del ahorro también significa que tenemos prioridades en nuestra vida y que estamos asignando a ellas nuestro dinero, ya que estamos destinando nuestros recursos a lo que consideramos más importante. Otros pueden ahorrar con una visión fatalista, pensando en lo que les depara el futuro y en las cosas negativas que les pueden suceder. De esta forma, pueden contar con fondos de emergencias, lo que los dejaría bien preparados para hacer frente a cualquier tipo de imprevisto.

Como vemos, los propósitos para tener un ahorro son variados, pero siempre involucran una visión y planeación de cara al futuro. De hecho, el ahorro es, por definición, la acción de separar una parte de los ingresos con el fin de guardarlo para ser usado en un gasto, emergencia o inversión, más adelante.

Ahora bien, lo que no se puede confundir es que, como acabamos de exponer, el ahorro no tiene como objetivo la acumulación del dinero como un fin en sí mismo, sino que es un medio para que, en el futuro, podamos invertir, sufragar necesidades y alcanzar aquellas cosas que nos importan. De esta forma, nos permite crear bienestar para nosotros y nuestra familia, priorizar lo que es importante y disfrutar las experiencias que nos interesa tener en nuestra vida. Esto es lo que diferencia a una persona ahorradora de una tacaña, ya que esta última, no tiene planeado usar su dinero, en ningún momento y para ningún fin, puesto que su único objetivo es la acumulación de este recurso, porque prioriza el poseerlo sobre su calidad de vida.

De modo que, un tacaño puede incluso descuidar su salud para no incurrir en gastos médicos, nunca hacer un viaje por vacaciones o incluso sacrificar lo que para él y su familia es importante, por no gastar un centavo. Por el contrario, una persona ahorradora cuenta con un presupuesto y diferencia qué es un gasto necesario de aquello que no lo es, para así decidir en qué y cuándo utiliza su dinero. Está en capacidad de reducir sus gastos cuando su economía se pone difícil, pero se permite incluso lujos, porque sabe en qué momento puede dárselos. A su vez, evita, con inteligencia financiera, todos aquellos gastos superfluos para permitirse tomar decisiones financieras que le aseguren un futuro más próspero. Así notamos que es distinto tener un objetivo y tomar decisiones financieras conscientes en pro de un futuro mejor, a aquello que hace un tacaño, quien no tiene ningún fin y solo se niega de manera testaruda e irracional a desprenderse del dinero.

CAPÍTULO 3: FACHADAS DE LA TACAÑERÍA

La consciencia es ese estado mental que nos permite percatarnos de nuestra propia existencia, la del resto del mundo y la de las cosas que pasan a nuestro alrededor, como resultado del procesamiento de la información que realizamos, basado en nuestras experiencias. Hasta donde sabemos, esta es una característica exclusiva de los seres humanos, en la cual, aunque suene redundante, somos conscientes de que somos conscientes.

Una de las principales características de la consciencia es que es individual, dentro de una dinámica única, íntima y personal, ya que solo podemos ser conscientes de nosotros mismos, pues no podemos sentir la consciencia de otros. De allí puede partir aquel refrán popular de que «cada cabeza es un mundo», porque desde la perspectiva de la consciencia, así es. Esta perspectiva también involucra un componente subjetivo que determina nuestro comportamiento, así, en el caso de una persona tacaña, lo que podemos ver es su comportamiento, pero no el proceso mental previo que lo desencadena. Vemos conductas que podemos deducir que no siempre se encuentran bajo el control de esa persona, sino que a veces la hacen actuar de manera impulsiva y automática, lo que no tendría nada de raro, ya que los seres humanos realizamos a diario un conjunto de acciones conscientes e inconscientes, enmarcadas dentro de una rutina funcional.

De esta forma, por ejemplo, en el momento de escribir este párrafo, yo no estoy planificando ni pensando cómo voy a mover mis manos al escribir, pues lo hago de manera automática. Lo mismo ocurriría si, con la taza de café que tengo en mis manos, me tropezara y me diera cuenta de que este me podría quemar, en un segundo se produciría en mí una reacción para evitarlo. De igual manera, en el caso de una persona tacaña, muchas de sus reacciones automáticas se dan dentro de una perspectiva muy limitada de sus propios actos y de sus consecuencias, ya que recurre a sus experiencias pasadas de escasez y a las emociones que estas le produjeron, para actuar en el presente, lo que la lleva a crear patrones de comportamiento que se repiten una y otra vez.

Con esa información que ha quedado grabada en su subconsciente y que le dice que cualquier situación en la que haya que gastar dinero representa para ella un gran peligro, activa todos sus mecanismos de protección y sobrevivencia para actuar en consecuencia, pues su mente no es capaz de distinguir si esa supuesta «amenaza de gastar» que percibe, es real o no, lo que reaviva las situaciones desagradables que ha experimentado y los temores y sentimientos que tuvo en ese pasado. De este modo, solo tiene en cuenta lo que le ocurre a sí mismo, sin percatarse de los demás.

Esta es la razón por la que usualmente escuchamos que cada persona actúa de acuerdo al nivel de consciencia que tiene en el momento. Por esto es que muchas veces, aunque para las personas a su alrededor sea evidente, muchos tacaños no se ven a sí mismos como tal, porque tienden a escudarse en fachadas que asumen y en las que creen, las cuales adaptan como mecanismos que les sirven para protegerse de ser juzgados y para mostrarse en función de lo que creen les va a facilitar su interacción con los demás, o, al menos, que les va a evitar un conflicto.

LA LIBERTAD FINANCIERA

Las personas tacañas viven en el lado oscuro de su relación con el dinero. Acapararlo es su fin y son incapaces de usarlo para mejorar sus vidas y las de los que las rodean. Mientras que la búsqueda de abundancia material e independencia financiera, suelen ser objetivos muy aplaudidos por la sociedad.

Objetivo, sin embargo, que en algunas ocasiones y para ciertas personas, puede carecer de un adecuado equilibrio en su relación con el dinero, ya que les puede nublar la visión y llevarlas por el camino de la tacañería. Pues, si bien es cierto que son claros los aspectos positivos de tomar decisiones, planear y propender por el bienestar financiero, también muchos pueden llegar a obsesionarse con ello.

Debido a que, si nuestra meta es ahorrar o generar riqueza, sentimos que estamos haciendo lo correcto. Sin embargo, también es posible que perdamos de vista que el dinero es un medio y no un objetivo en sí mismo. Si así fuera, estaríamos cruzando el umbral de la avaricia, porque el dinero pasaría a ser nuestro único fin. Es entonces, con metas como ganar tanto como sea posible y evitar gastar e invertir, que puede que la tacañería no nos suene tan mal.

El problema con este tipo de actitud es que podemos con facilidad olvidar que la única medida de nuestro éxito no es el dinero, pues si bien podemos asociar la riqueza material a alcanzar un objetivo que, en un principio, es muy loable, como es el de alcanzar la libertad financiera, es importante recordar en el camino que el dinero es solo una consecuencia y el resultado, por lo general, de un logro más grande que no se limita a perseguir su desmedida acumulación.

Todo esto es muy claro para muchas personas, pues entienden que tener dinero no es sinónimo de haber alcanzado el éxito, a sabiendas de que la sustancia de su vida va mucho más allá, con medidas de éxito alineadas con una visión más amplia de su existencia.

Por lo tanto, estas personas se permiten lo que un tacaño tras esta fachada no se permite, que es tener una vida más plena, provechosa y significativa, pues nublado por la avaricia, le es imposible reconocer que no tiene mucho sentido acumular dinero y privarse del bienestar, de la satisfacción personal y de su felicidad.

LA ARROGANCIA

Muy probablemente conozcamos a alguien que muestra un sentido desmesurado de su propia importancia, una necesidad de atención excesiva y de admiración, así como una falta de empatía hacia los demás. Esos seres que levitan por ahí, con una mirada altiva y una pose petulante, a los cuales solemos percibir como personas con una forzada autoestima , egoistas que no pueden ver más allá de sus propias necesidades.

Pero, según lo explica la psicología, la paradoja es que, con su actitud, estas personas pueden estar ocultando sentimientos de inferioridad, porque muestran una fachada de seguridad que usan para proteger su autoestima, a través de la construcción de una barrera de altivez para protegerse, y para no mostrar su vulnerabilidad.

Estas son personas que también exhiben una excesiva necesidad de control y poder sobre aquello que sienten les pertenece. En el caso de un tacaño, esto es su dinero, el cual les ayuda a elevar su autoestima, por lo que no están dispuestos a descuidarlo ni a gastarlo. De esta forma, el aferrarse a controlar sus recursos les da una mayor sensación de poder. Al acaparar cada vez más y al ver que su riqueza material crece, pueden fortalecer la fachada tras la cual se cubren, ya que es esta una fachada perfecta para un tacaño, pues mostrarse arrogante y creerse superior a los demás le permite escudarse en que «los demás no son como yo, ni merecen que yo les dé nada».

ESCUDARSE EN LOS DEMÁS

Muchos tacaños buscan la oportunidad para justificar su forma de actuar escudándose en los demás. De esta forma, basta con que se percaten, por ejemplo, de que alguien se niega a participar o a aportar a una causa, para negarse ellos también a colaborar. Es decir, convierten la decisión de alguien más en la excusa perfecta para evadir su responsabilidad o su sana convivencia con los demás, dentro de un contexto donde saben que a nadie le agradará ni aprobará su decisión, por lo cual, teme una consecuencia. Este tipo de actitudes denotan su inmadurez, porque optan por tomar el camino más fácil para no admitir que tienen responsabilidad por lo que pasa, al tiempo que demuestran una total indiferencia respecto a cómo con su negativa a ser partícipes, perjudican a los demás.

La mayoría de tacaños sabe y reconoce que las excusas no son lo mismo que las explicaciones, pero creen justificarse en las excusas que haya dado alguien más, y es así como afronta las situaciones incómodas, dada su incapacidad de comprometerse e implicarse en una situación que le demande desprenderse de sus recursos. Es así como pasa a ser un espectador más de su vida y de la de los demás, pues, de cierta manera, ha culpado a otro y cree no tener injerencia en lo que ocurre, comportamiento que en muchas ocasiones le funciona, porque así logra esquivar sus obligaciones y lo ve como una movida astuta para zafarse.

EL CUIDADO DEL MEDIO AMBIENTE

Hoy en día existe una mayor consciencia en nuestras acciones respecto a la responsabilidad por el cuidado del medio ambiente, lo que ha llevado a muchos de nosotros a realizar cambios de hábitos en nuestro estilo de vida para disminuir nuestra huella ambiental.

Sin embargo, aunque estas acciones contribuyen, es diferente estar atento a apagar las luces que no estemos usando, que andar en la penumbra en casa o soportar temperaturas extremas sin prender el aire acondicionado o la calefacción, solo para evitar gastar en la factura de gas o electricidad, poniendo incluso en riesgo la propia salud.

Para explicarme mejor, acciones que a nuestros ojos pueden tener una buena intención medioambiental, en un tacaño, en realidad, esconden un trasfondo cicatero. Es así como se puede tomar la decisión de no utilizar platos y vasos desechables, sino recogerlos, lavarlos y guardarlos, después de una fiesta, que es lo que un tacaño puede llegar a hacer, lo cual no solo es antihigiénico, sino ruin.

Pero, aunque nos parezca penoso, hay muchos tacaños que se camuflan entre los verdaderos ambientalistas y tras este y otros nobles propósitos, esconden su verdadera intención, que es no querer gastar. De esta forma, un tacaño puede sacar todo de contexto y perder el balance, ya que su batalla real no es en contra de los problemas multidimensionales por los que hoy atraviesa el planeta, sino que es su obsesión por el dinero, lo cual lo lleva a perder por completo de vista que si bien nuestras elecciones deben ser sostenibles, además deben permitirnos lograr también un mayor bienestar para nosotros mismos, para los demás y para el medio ambiente.

LAS CUENTAS SEPARADAS

Con relación a pedir cuentas separadas, existen diversas opiniones, basadas en las costumbres y en las creencias de cada cultura, las cuales pasan por el ámbito donde se desarrollan los hechos, los argumentos financieros y lo que cada uno considera políticamente correcto.

Sin embargo, en los tacaños lo que solemos observar es una total carencia de sentido común y sensibilidad para identificar aquellas circunstancias donde esta práctica no suele ser apropiada, pues hay contextos en los que su propuesta de pedir cuentas separadas no va a ser bien recibida, sino que más bien se considerará mezquina.

Uno de ellos es cuando se ha invitado a una persona por motivos de celebración, y en el momento de pagar la cuenta exigen pagar por separado, o situaciones extremas en las cuales un tacaño ha convidado a personas a una velada en su casa, y luego les envía un mensaje exigiéndoles el pago por lo que consumieron; invitaciones que, bajo el entendimiento común, es una forma de tener un gesto de gentileza con alguien, lo cual implica pagar el consumo que haya hecho esta persona.

Sin embargo, un tacaño, a propósito, puede pasar por alto que cuando se invita a alguien, se tiene la intención de halagarlo o demostrarle nuestra gratitud. Desconoce por completo que, en estos casos, pedir cuentas separadas o, peor aún, obligar a una persona a pagar por lo que consumió, está fuera de contexto. Situaciones en las cuales una persona ruin demuestra que el dinero tiene mucha mayor importancia para sí como valor que el placer de dar y compartir con otras personas.

CAPÍTULO 4:
¿CÓMO IDENTIFICAR A UN TACAÑO?

La mayoría de personas deseamos una vida financiera sana, lo cual implica contar con un presupuesto que nos permita cubrir todas nuestras necesidades, algún monto de reserva y un fondo para emergencias. Con este fin en mente, planeamos y establecemos objetivos alrededor del dinero y buscamos formas de ganar más, porque asociamos su abundancia a una mejora en nuestra calidad de vida.

También nos preocupamos si no recibimos lo suficiente para costear nuestro estilo de vida o si hemos hecho un uso inadecuado de este recurso y nos ha ocasionado dolores de cabeza. De este modo, nuestros pensamientos sobre el dinero vienen y van con frecuencia. Lo que es normal con un recurso presente en nuestra cotidianidad, pero, ¿qué pasa cuando esos pensamientos sobre el dinero empiezan a acaparar cada minuto de nuestra vida, hasta el punto de convertirse en lo único acerca de lo que rumiamos todo el día?

COMPORTAMIENTOS EXTREMOS

Imagina por un momento una historia ficticia, con un personaje al que llamaremos X, un joven soltero, empleado de una gran corporación, con un cargo de gerencia media, muy bien remunerado.

X ha llegado hoy a su oficina y encuentra a sus compañeros secreteando en la cafetería. Al acercarse, los escucha comentando la suerte que tienen de tener a M como jefe.

El cumpleaños de M es en tres semanas y se encuentran haciendo una lluvia de ideas de cómo celebrarlo.

A todos les ha gustado la idea de enviarle unas flores y un regalo a casa. Además, en la noche desean invitarla a cenar a su restaurante preferido, el cual es uno de los mejores de la ciudad.

Mientras la conversación transcurre, X permanece callado y ya se siente sofocado, pues solo puede anticipar la cuota de dinero que le pedirán para el evento, y esto le provoca mucho estrés y ansiedad.

Siente que con todo esto le dañaron el día, y desde la mañana no se ha podido concentrar en su trabajo, ya que lo único que pasa por su cabeza es buscar la manera de evadirse de esta celebración.

Incluso ha llegado a pensar en la posibilidad de tomar vacaciones para esa fecha, pero se da cuenta de que debería haber avisado con una mayor anticipación, por lo cual ya no es una opción.

Los días transcurren. Han pasado ya dos semanas y, al no haber encontrado una excusa creíble, se siente maniatado. Así, en la fecha límite, entrega el dinero de la colecta, no sin antes experimentar un gran disgusto. Está irritable y su queja no ha cesado.

Por fin, llega el día de la celebración. El ambiente en la oficina es alegre; todos están de buen humor para pasar un buen rato y divertirse.

Pero a X le es imposible disfrutar del momento, porque en lo único en lo que continúa pensando es en que no debería estar gastando su dinero en esto.

Durante la cena, X padece cada vez que uno de sus compañeros ordena, pues analiza el detalle de lo que cada plato y bebida cuesta.

En algún momento, hace la sugerencia de pedir cuentas separadas por anticipado, pero, en medio de la animada conversación, nadie parece haberlo escuchado.

Sin embargo, su preocupación por cómo se dividirá la cuenta no cesa, puesto que no soporta la idea de pagar un plato más caro que el suyo a otra persona.

Para rematar, el momento de más sufrimiento para X llega, y, una vez les han pasado la factura, pide revisarla, lo que desalienta a todos, pues anticipan lo que viene.

X se niega a dividir la cuenta en partes iguales. Media hora más tarde, ya ha pedido dos revisiones de la factura y, pese a que el servicio en el lugar es impecable, sugiere no dejar propina a los meseros.

Tras el reproche y la negativa de sus colegas, calculadora en mano, X hace cuentas y afirma que solo pagará por su plato y el valor de la copa de vino que consumió, sin dejar ninguna propina.

Para cuando salen del restaurante, M, quien era la agasajada, y el grupo, se encuentran cansados y muy contrariados por el mal momento que X les ha hecho pasar para cerrar la velada.

Tal vez esta historia hipotética te resulte similar a alguna situación que hayas vivido. En ella, observamos cómo X ha ignorado por completo el contexto y ha llevado su preocupación por no gastar al extremo, hasta el punto en que su roñería controla su vida, acapara por completo la atención y, sin ninguna empatía, desconoce que este evento se trataba de la celebración del cumpleaños de M, así que no giraba en torno a él. Sin importarle nada de esto, ha molestado a todos.

También se ha privado a sí mismo de disfrutar el placer de una maravillosa velada, y se ha abstenido de tener una muestra de afecto y consideración con M y de compartir con sus compañeros. Además, asume que reconocer con una propina el buen trabajo de las personas que le sirvieron, es una imposición, y lo ve como una afrenta en contra de sus intereses.

Como vemos, en este caso no se trata de evitar malgastar o de ahorrar, sino de una mentalidad arraigada de preocupación y lucha por no gastar dinero, sin una consciencia clara del porqué, lo que a cualquier observador desprevenido le alerta de que se está yendo demasiado lejos cuando se antepone el dinero a las personas, se afectan las relaciones y hay una gran dificultad por parte de X para ser generoso, lo que además va en detrimento de su calidad de vida, por la incapacidad evidente de disfrutar de momentos de placer, relajación y diversión, como el que aquí se tenía.

ACTITUDES DEFENSIVAS

Como vimos en la historia de X, las personas tacañas centran por completo su atención en todo aquello que las lleve a no gastar ni dar, lo que les impide ver el panorama completo, ya que viven absortas en la preocupación por cuidar cada centavo. Con esta visión de la vida tienen grandes desavenencias y choques con su entorno, lo que les produce fuertes emociones que las llevan a tener actitudes defensivas, tales como:

DESCORTESÍA

Cuando una persona vive en defensa de aquello que cree que puede perder, ser amable equivale a bajar la guardia y a ser vulnerable. Por ello asumen actitudes descorteses, con las cuales también pueden evadir cualquier tipo de oportunidad de compartir con los demás.

EGOÍSMO

Una persona mezquina cree que siempre que da, pierde, entonces solo atiende a sus propios intereses y necesidades, sin cuidar las de los demás. Ve como una injusticia que los demás disfruten de algo que ella ha logrado con esfuerzo, y consideran que cada quien debe obtener lo suyo.

INDIFERENCIA

Alguien ruin vive en una jaula mental donde pareciera que solo él existe, lo cual le impide generar empatía por los otros, y tiende a criticar las decisiones o el comportamiento financiero de los demás. De esta manera, no propicia oportunidades para identificarse con quienes lo rodean ni para comprender sus diferentes realidades. De esta forma, al no encontrar puntos en común en la manera de sentir, pensar y actuar, desconfía de todo el mundo y tiene actitudes frías e insensibles con las personas de su entorno.

APATÍA

Un tacaño puede dedicar largas horas y excesivas cantidades de energía solo para ahorrarse unos pocos centavos. Lo material está por encima de todo, y aparte de monopolizar el dinero, no existe otro sentimiento, objetivo o experiencia que lo motive, llegando al punto en el que solo lo entusiasma aquello de lo cual obtiene un beneficio directo, mientras que todo lo demás le es irrelevante.

QUEJA

Todos nos quejamos en algún momento y eso es normal. Sin duda, muchos de los problemas en el mundo son complejos, sin embargo, en las personas tacañas la queja en torno al dinero suele ser constante y omnipresente. Es su tema de conversación rutinario y centran toda su atención en todo aquello de lo cual se puedan lamentar, por lo que, cuanto más se quejan, más motivos encuentran para seguir quejándose.

Manifiestan un lloriqueo permanente sobre lo mal que va la economía, todo lo que les ha tocado pagar y lo caro que está todo. De este modo, sin importar el contexto, siempre encuentran un motivo para exteriorizar su malestar, frustración, emociones y pensamientos negativos. Su queja es inútil, ya que no cambia nada ni los lleva a tomar acciones para solucionar lo que les desagrada, con lo cual solo logran impregnar el ambiente de pesimismo y contagiar a otros.

MAL HUMOR

Las transacciones monetarias son parte de nuestra vida diaria; pocas personas pueden decir que pasan días sin tener que comprar o pagar por un servicio. Sin embargo, para las personas tacañas que tanto esfuerzo ponen en no gastar dinero, realizar cualquier transacción monetaria implica una pesadilla, por lo que es frecuente que estén de mal humor, pues en su cotidianidad siempre encontrarán alguna ocasión de gastar que les irrite y les arruine el día.

INGRATITUD

Para una persona ruin, el mundo gira alrededor de sí misma y de la satisfacción de sus necesidades. Por lo cual solo busca en sus relaciones sacar provecho. Prefiere utilizar los recursos de los demás en lugar de utilizar los suyos, y su interés no es tener buenas relaciones, sino obtener lo que de ellas necesitan.

Esto explica que estas personas rara vez muestren una genuina gratitud, pues pasan la vida tratando de satisfacer lo que requieren, siempre exigen ayuda y dan por sentado que los demás deben auxiliarles, pero cuando quien los ha apoyado necesita ayuda, desaparecen y solo se presentarán cuando de nuevo necesiten asistencia para solucionar un problema.

INSEGURIDAD

Como en la mayoría de los comportamientos humanos, la razón por la cual una persona se vuelve tacaña puede encontrarse en sus experiencias pasadas, en especial, en aquellas que se remontan a su infancia y al recuerdo que albergan de ella. El apego, las emociones, la relación con los padres, la memoria o los vínculos, son vivencias tempranas que condicionan nuestra vida y la manera en que somos capaces de adaptarnos y de responder a las circunstancias. Es así como, un bebé, por ejemplo, no puede valerse por sí mismo, así que, al depender de otros, se vuelve sociable para establecer relaciones y poder sobrevivir. Estos son patrones de comportamiento que aprende a construir desde sus primeros meses y que luego replicará en su niñez y vida adulta.

Sin embargo, es un hecho que no todas las personas crecen en hogares capaces de proveerles el amor, la armonía o la seguridad que necesitan, ni en relaciones en las que se ha generado un apego seguro y coherente, con espacios de autonomía, disponibilidad, presencia y atención de sus necesidades. Es en los entornos de carencias donde pueden nacer ciertas inseguridades que luego se manifiestan en diferentes aspectos a lo largo de la vida, una de las cuales puede manifestarse a través del apego al dinero. En el caso de un tacaño, esto puede también proyectarse en una profunda desconfianza hacia lo que le depare el mañana, porque puede llegar a imaginar un futuro catastrófico, pues tiene la consciencia de que el dinero es crucial para su supervivencia. De modo que no es extraño que se aferre a él en búsqueda de obtener una mayor seguridad.

REFLEXIÓN 2

Como seres humanos tenemos una tendencia natural a evitar todo aquello que nos hace sentir incómodos. Esa elusión conduce a crear patrones de pensamiento que nos generan una emoción y hacen que nos comportemos de la manera en la que lo hacemos. Con el tiempo, esas conductas pasan a ser los hábitos que rigen nuestra vida y que nos atrapan en un círculo vicioso, de allí la importancia de empezar a reconocerlos. Por eso te invito a que te hagas las siguientes preguntas que te pueden ayudar en la tarea:

***¿Sientes que piensas o te preocupas demasiado por tu situación financiera?* Sí o no.**

Se dice que las personas pensamos en algo cada siete segundos. Estos pensamientos varían dependiendo de la edad y de la etapa de la vida en la cual nos encontremos. Sin embargo, el dinero es una constante en nuestro pensamiento a lo largo de nuestra vida adulta.

De este modo, mientras que los pensamientos de alguien en los inicios de su carrera rondan en torno a cómo puede ganar más dinero, quien está cercano a su edad de jubilación piensa en cómo puede recibir un mayor monto de pensión para mantener su estilo de vida en su retiro.

Por lo tanto, es muy común que el dinero, de una u otra forma, domine nuestros pensamientos diarios, en especial cuando en la actualidad muchas personas tienen una sola fuente de ingresos, cuentan con pocos o nulos activos y viven al día.

¿Pensar en el dinero hace que cambies tu estado de ánimo, la manera en que piensas y la forma en que te comportas? Sí o no.

Para nadie es un secreto que el dinero nos genera fuertes emociones que impactan nuestros niveles de estrés, salud mental y relaciones personales.

¿Aparte del dinero tienes otras prioridades en tu vida en este momento? Sí o no.

En adición, estas preguntas complementarias te pueden ser útiles para ayudarte a descubrir si la acumulación de dinero ha pasado a ser un fin último en tu vida:

- *¿En tus compras siempre antepones el precio a la calidad?*
- *¿Has dejado de hacerte un chequeo médico por no pagar la consulta o por no comprar medicinas?*
- *¿Evitas hacer mantenimientos o comprar cosas nuevas, aunque las que tienen están deterioradas o no funcionan?*
- *¿Hace cuánto no te das un gusto, aun cuando cuentas con el dinero para hacerlo?*
- *¿Cuándo fue la última vez que diste un regalo a alguien, lo invitaste o compartiste con amigos, siendo tú quien pagó?*
- *¿Donas a causas benéficas con frecuencia?*

CAPÍTULO 5:
LA INFLUENCIA DEL ENTORNO EN LA TACAÑERÍA

Durante la mayor parte de mi vida, sufrí de una mentalidad de escasez, así que creía que mi vida se movía en torno a límites que no podía traspasar. Crecí en un hogar típico de clase media, en el cual el dinero era algo que sabíamos que existía y hacía parte de nuestras vidas, pero no era un tema de conversación, a menos que tuviera ocasión la buena fortuna de un ingreso extraordinario para la familia, en cuyo caso era evidente su presencia, porque nos permitía mejorar nuestra calidad de vida. De esta manera, disfrutábamos de más experiencias y adquiríamos más cosas de las que era usual permitirnos, dentro de un ambiente que se sentía más seguro, tranquilo y alegre.

En contraste, si atravesábamos por una crisis, debíamos privarnos de ciertas comodidades y el clima era de desasosiego, precariedad y ansiedad. De modo que, de niña, veía el dinero como algo que escapaba a tu control y estaba al vaivén de las circunstancias externas, unas veces favorables y otras veces en tu contra. También era el medio a través del cual se evidenciaba la abundancia o carencia material, lo que conllevaba fuertes emociones en los adultos.

Sin embargo, desde la comprensión infantil que podía tener, mis necesidades primarias estaban cubiertas, por lo cual el dinero en aquella época no era aún un tema que me quitara el sueño, lo que cambió a medida que fui creciendo, pues nací en un país pobre y era para mí cada vez más visible la precariedad en el entorno y las desigualdades, en especial, cuando era cada vez más consciente de la pobreza extrema de aquellas personas que carecían incluso de lo que era vital para su supervivencia, situación de pobreza que, pese a que a mi corta edad no entendía de forma total en su complejidad y magnitud, nunca me fue ajena.

Así, en algún momento de mi infancia, comencé a creer que no tendría suficiente dinero cuando lo necesitara, lo que con el tiempo se transformó en un miedo irracional a su carencia total. Miedo que, tras mi adolescencia, se hizo más fuerte durante mis años de juventud, cuando empecé a tomar decisiones en vida, motivadas por el potencial de dinero que estas me podían generar.

De esta manera, ingresé a la universidad a estudiar una carrera que no me apasionaba, pero que se me daba fácil y gracias a la cual sabía que, una vez graduada, me sería fácil conseguir un buen empleo. Más tarde, cuando incursioné en el mundo laboral, me conformé con desempeñarme bien y que mi trabajo fuera un medio de vida, pero nunca me cuestioné si esos empleos eran los adecuados para mí y mucho menos si estos eran lo que en realidad quería.

Mi objetivo único en estas elecciones era ganar dinero como un objetivo *per se*, en entornos laborales que fomentaban el individualismo y la competencia, lo cual me hacía creer que no había suficiente para todos y que, en consecuencia, yo debía tomar todo lo que pudiera para mí. Y fue así como yo, que no me sentía una persona individualista, competitiva ni capaz de pasar por encima de los demás, me terminé convirtiendo justo en ese tipo de persona al adoptar actitudes egoístas, guiadas por mi mentalidad de escasez. Pasé por una etapa de mi vida en la que pensaba que los recursos eran insuficientes, de modo que si los compartía con los demás, tendría menos para mí.

Por otra parte, las circunstancias de carencia real en mi país no contribuían a cambiar esta forma de pensar, pues vivía rodeada de una sociedad en donde la mentalidad de escasez está arraigada en profundidad en el inconsciente colectivo, tanto es así que se elogia el ser «avispado», y esto, en muchas ocasiones, equivale a pasar por encima de los demás para llegar a un fin.

Viviendo dentro de este entorno, recuerdo que si tenía algo bueno que pudiera compartir, prefería guardármelo, porque creía que el resultado de lo que lograba era solo gracias a mí misma, y cada quien debía hacer lo suyo. Esto propiciaba que tampoco celebrara los logros de los demás en el trabajo, porque sentía que siempre estaba compitiendo, así que reconocerlos era admitir que eran buenos, y, en consecuencia, al exaltarlos yo perdía, con lo cual limitaba mis posibilidades, actitud que, además, me provocaba sentimientos de envidia, porque creía que si alguien tenía algo, ese algo era escaso, entonces, en consecuencia, yo tenía menos probabilidad de obtenerlo.

De esta manera, nunca sumaba a los demás, a menos que estos pertenecieran al grupo de mi familia o mis amigos. Así que vivía en una burbuja en la cual restaba, porque solo veía individualismo y competencia, ambiente en el cual la colaboración no existía y la avaricia era generalizada, lo que me llevó a convertirme en alguien que tomaba todo lo que podía para sí, mientras que se negaba a ser empática, a dar y a compartir. Me había transformado en una persona egoísta y acaparadora.

El acaparamiento es justo una de las características que distingue a las personas tacañas, quienes, como hemos visto, luchan por acumular recursos y mantenerlos guardados. En aquel momento, este comportamiento hasta me hacía sentir orgullosa, pues cuanto más acumulaba, más sentía que avanzaba. En aquel entonces, no creía ser avara ni codiciosa. En cambio, hoy, cuando miro en retrospectiva, sé que pude haberme convertido en una tacaña, pues andaba al filo del abismo, puesto que acumulaba dinero y luchaba por no separarme de él. De hecho, durante muchos años, a medida en que mi carrera iba en ascenso, mis ingresos crecían, pero pese a que el dinero era suficiente, estaba convencida de que no era así.

Recuerdo que pensaba con frecuencia, cuánto me había costado ganar ese dinero, con lo cual temía perderlo, así que cada vez más me inclinaba a cuidarlo por encima de todo, porque necesitaba sentirme financieramente segura. La paradoja era que, pese a que contaba con estabilidad económica, en lugar de sentirme segura, sentía que cada vez necesitaba más, porque actuaba desde el miedo.

Por fortuna, nunca me sentí cómoda en esta senda, y una parte de mi me decía que estaba en contravía de mis valores reales. A fin de cuentas, había crecido en un núcleo primario, en el seno de una familia amplia y generosa, lo que me facilitó poder recuperar el valor de la generosidad y hacerlo parte de mi vida de nuevo. De esta forma, con la experiencia, la madurez y los años, me empecé a cuestionar, y emprendí el camino de crear una nueva realidad, donde ahora veo y vivo en un universo de abundancia infinita para todos, sin temor a ser generosa con mi afecto, mi tiempo y mi dinero, porque la vida me demuestra una y otra vez que cuanto más doy, más recibo.

REFLEXIÓN 3

Es importante ser consciente en este punto de cuál ha sido la influencia de tu entorno y el impacto que este ha tenido en tu vida.

Para ello, haz una lista donde recuerdes qué veías, escuchabas o percibías, del dinero durante tu infancia, proveniente de todas aquellas personas presentes en tu entorno: padres, familiares, maestros, amistades, los medios de la época, entre otros.

¿Qué decían sobre el dinero?

¿Hablaban de su abundancia o de su escasez?

¿Qué tono de voz usaban?

¿Cómo se comportaban?

¿Qué emociones exteriorizaban?

¿Qué decisiones tomaban con respecto al dinero?

¿Actuaban buscando soluciones o no hacían nada?

¿Cuál era el resultado final de lo que hacían o de su inacción?

¿Eran coherentes entre lo que pensaban, decían y hacían con respecto al dinero?

¿Cómo te afectaban las consecuencias de esas decisiones tomadas y de sus acciones?
Por ejemplo, uno de tus padres era un derrochador, y, como consecuencia de sus hábitos, siempre pasaban angustias financieras para pagar las cuentas, o, por el contrario, vivía con temor a no poder cubrir los gastos y escatimaba en cada centavo que podía.

Haciendo este ejercicio de recordación, determina lo siguiente: ¿Cuáles de tus actuales creencias sobre el dinero se pudieron haber generado de aquella época?

Para darte algunas ideas, revisa si algunas de estas afirmaciones son verdades para ti:

1. Es mejor ser rico que pobre.
2. El dinero no crece en los árboles.
3. Se necesita dinero para hacer dinero.
4. El dinero nunca es suficiente.
5. Para ser rico hay que ser avaro y tacaño.
6. No hay dinero para todos.
7. El dinero es difícil de conseguir.
8. Hay que regatear el precio siempre.
9. Si doy hoy, tendré menos mañana.
10. Hay que guardar para las vacas flacas.

Las creencias actúan en nuestra vida con fuerza de verdad. Analiza lo siguiente: ¿Cuáles de estas creencias están limitándote para lograr tener una vida con mayor bienestar? Atrévete a cuestionarlas.

CAPÍTULO 6:
ROMPIENDO EL CICLO DE LA TACAÑERÍA

En algunas ocasiones tendemos a pensar que algunos de nuestros comportamientos o aquellos que vemos en los demás son inmodificables. Sin embargo, aunque ciertas veces hay personas y circunstancias que nos parecen inalterables, en realidad el cambio en todos los seres humanos es habitual, pues a lo largo de nuestra vida, hay hechos, experiencias y circunstancias, que nos impactan y producen en nosotros una transformación.

Es un hecho que todos cambiamos a lo largo de los años, pues nadie es el mismo a sus sesenta que cuando tenía veinte. Hemos vivido, aprendido, madurado, tenemos nuevas rutinas y hábitos, nos rodean diferentes personas, hemos acumulado experiencia y fracasos, hemos obtenido logros, superado la adversidad, y tenemos diferentes opiniones, valores, intereses y expectativas. Estos cambios se han dado porque en muchas ocasiones nos sentimos amenazados y nos vemos forzados a adaptarnos, por lo cual son un mero acto de supervivencia. A su vez, muchas otras veces se han producido porque somos conscientes de que necesitamos renovarnos y hemos sido nosotros mismos quienes lo hemos propiciado. De esta forma, podemos deducir que cuando este se ha dado a voluntad, es que hemos tenido, por lo general, una genuina intención de cambio.

Por lo tanto, si eres tú quien tiene la intención de realizar un cambio, la buena noticia es que este es posible, lo cual no solo es una afirmación para darte un empujón, sino que es un hecho respaldado por la ciencia, que afirma que gracias a lo que hoy se conoce como plasticidad cerebral y a la creación de nuevas conexiones neuronales, las personas logramos nuevos aprendizajes. Esta posibilidad de aprender a cualquier edad nos permite realizar transformaciones determinantes en nuestra vida, tener la capacidad adaptativa para modificar hábitos o conocimientos y asimilar cosas nuevas. Así es como aprendemos y modificamos conductas hasta el último día de nuestra vida.

Esto quiere decir que no todo lo que hemos aprendido o que recordamos, se queda en nuestro cerebro de forma permanente. Para ponerte un ejemplo práctico, te contaré una experiencia personal: hace una década, tuve la oportunidad de tomar un año sabático, en el cual, entre muchas otras cosas, aproveché para aprender inglés, idioma en el cual, antes de ese momento, no había logrado avanzar más allá de un nivel intermedio.

Por fortuna, en mi año sabático viví en un país anglosajón, así que para comunicarme en mi día a día y sobrevivir, requería del inglés a diario, y fue entonces cuando para mi cerebro, este idioma cobró total importancia. De esta manera, lo que había intentado durante muchos años, que era alcanzar un nivel avanzado en este idioma, lo logré en solo tres meses, pues mi cerebro había valorado por sí mismo que este idioma era vital y útil para mí en ese momento, así había hecho campo para priorizar su aprendizaje.

De vuelta a casa, de forma paulatina fui perdiendo la práctica, porque este idioma no volvió a ser una necesidad para mí. De hecho, hoy lo uso de manera muy esporádica cuando viajo, lo que mi cerebro sabe, por lo tanto, su recordación ya no es natural, sino me veo obligada a hacer un esfuerzo consciente de usarlo para no perderlo.

De igual modo a como sucedió en mi caso, los conocimientos y los recuerdos en nuestro cerebro se valoran o se desechan en función de su importancia en nuestra vida y su utilidad futura, y en este proceso siempre queda un amplio espacio para las novedades y el aprendizaje permanente, extraordinaria capacidad cerebral que puedes usar a tu favor para hacer realidad el cambio que deseas obtener, el cual te permitirá romper con las ideas que te doy a continuación, los patrones que hasta el momento han marcado tu vida.

DEJA DE QUEJARTE

Todos nos quejamos como una forma de escape en algún momento, y es normal. Amaneció lloviendo, hay mucho tráfico... También refunfuñamos acerca de lo descontentos que estamos con nuestro jefe o del Gobierno. Vale la pena aclarar que aquí no hablo de la queja como protesta reivindicativa de derechos, sino de ese molesto hábito de lamentarnos por todo, hasta el punto de que la queja se va convirtiendo poco a poco en algo omnipresente que se inmiscuye en cada contexto de nuestra vida.

La costumbre de quejarse implica beneficios para los tacaños, porque estos viven exteriorizando su malestar, frustración, emociones y pensamientos negativos, así como también llaman la atención de todos, mientras que despiertan la empatía de otros, en especial de aquellos que suelen tener las mismas quejas. Al endilgar la responsabilidad a los demás y al culpar a los otros, logran victimizarse. Hasta podemos decir que les sirve como tema de conversación, ya que su mundo se ha limitado tanto que ya no tienen otros temas.

Sin embargo, el problema de la queja es que a muy pocos el acto de quejarse los motiva a la acción para resolver sus problemas. De modo que solo bombardean el ambiente con información pesimista, la cual crea una espiral negativa que afecta su estado de ánimo y el de todos aquellos quienes escuchan sus quejas. Esto genera el hábito de ver su existencia solo desde la lamentación, y centran su atención en todo aquello sobre lo cual pueden generar un mal ambiente. De esta forma, y como lo había mencionado, pareciera que cuanto más se queja un tacaño, más motivos encuentra para seguirse quejando.

En este orden de ideas, cuando de manera consciente decidimos dejar de quejarnos, damos a nuestra mente un descanso, el espacio que necesita para encontrar nuevos caminos neuronales que nos llevan a ver el mundo de manera diferente. Cuando esto ocurre, dejamos de verbalizar a través de la queja todo aquello que no queremos en la vida, porque al fin y al cabo, todo lo que materializamos se origina primero en nuestros pensamientos, los cuales, a su vez, generan una emoción, desde la cual nos demos cuenta, o no, tomamos nuestras decisiones, pues donde pones tu foco, hacia ahí va tu energía, y así creas la realidad de tu vida. Realidad que para un tacaño está llena de frustración, rabia y miedo, y de allí la importancia de comprender que no tiene objeto quejarse de aquello en lo cual no tenemos opción de intervenir, y mucho menos sentido tiene refunfuñar por aquello en lo cual, teniendo la oportunidad de darle solución, tampoco lo hacemos.

Por ello, dejar de quejarnos nos permitirá modificar nuestro lenguaje, ampliar nuestra percepción, cambiar nuestra manera de pensar y centrarnos en nuestra propia vida, para así enfocar nuestra energía en aquello que está en nuestras manos, y con decisión vamos a actuar para resolverlo, porque generaremos soluciones que tienen un impacto positivo en nuestra vida y en la de los demás. Esto es lo que podemos esperar cuando, en vez de vivir lamentándonos, asumimos nuestra responsabilidad.

EL OBSERVADOR

Así como en la actualidad sabemos de la extraordinaria capacidad cerebral que nos permite aprender hasta el último día de nuestras vidas, también sabemos que nuestro cerebro es cómodo y le gusta lo rutinario, lo familiar y lo conocido. En resumen, todo aquello que nos lleve a permanecer en la estabilidad de nuestra zona de confort, porque su misión es mantenernos a salvo de todos los peligros y lograr que sobrevivamos. Es por esto que, ante lo desconocido, ante el cambio, su respuesta inicial siempre será el miedo, que hará que veamos la incertidumbre sobre lo que puede pasar como un gran riesgo para nuestra vida, así que nos producirá una fuerte resistencia, temor que hará que elijamos, de forma automática, una y otra vez las mismas rutinas y actuemos de la misma forma, lo que, en consecuencia, nos hará difícil el cambio en nuestra vida.

De esta forma, solo la sensación inicial de incomodidad que nos produce, es muchas veces suficiente para que una gran cantidad de personas dejemos de lado nuestras intenciones de cambio, porque tendemos a volver a los mismos pensamientos, que generan las mismas emociones y reacciones, los cuales desencadenan los mismos resultados, ya que, así tengamos el deseo de cambiar, en realidad nuestro paradigma no se ha movido, y sin un esfuerzo consciente, haremos las mismas elecciones, lo que significa que actuaremos de igual manera a la que lo hemos hecho siempre. De modo que, invariablemente, volveremos a nuestros viejos hábitos.

Por lo tanto, mientras no decidamos de forma consciente romper el patrón, nuestro cerebro siempre elegirá el camino fácil de la experiencia familiar, en un ciclo permanente, hábito que podemos modificar si asumimos el papel de observadores de nuestro propio comportamiento.

Se trata del papel de observadores que hemos asumido en muchas ocasiones sin siquiera percatarnos, en aquellos casos en los cuales se trata de otras personas, con situaciones en las cuales hemos podido tomar distancia emocional y hemos visto todo lo que pasaba, pero evitamos juzgar o tomar partido *a priori*, porque sentimos que nos faltaba tener más información.

Estas fueron las circunstancias en las cuales nos permitimos ver un panorama más amplio y posponer nuestro afán de opinar sobre lo que sucedía. En un entorno tal, nuestro cerebro puede asimilar más información, ver lo que antes no veía, hacer mejores hipótesis, ser más objetivo y hasta aprender de lo que observa. De esta forma, con un mejor criterio, se puede describir lo que pasa con precisión, lo que es muy útil si de resolver un problema se trata, pues al final de cuentas, no se puede dar una solución a un problema sin antes comprender lo que sucede y sin haberlo definido adecuadamente.

Entonces ¿Qué pasa si un tacaño se convierte en su propio observador? Para empezar, puede identificar en su día a día qué dispara sus reacciones en los contextos donde se halla, notar sus respuestas desproporcionadas ante un peligro que no es real y apreciar como en la mayoría de los casos, su emoción precede a la razón. Así, por ejemplo, podrá percatarse de que es un miedo irracional el precursor de muchas de estas reacciones impulsivas, identificará lo que para él significa un inminente peligro de pérdida, y, de forma consciente, sentirá el malestar, la preocupación y la falta de control que se desata ante cualquier situación que le implique gastar su dinero.

Ser consciente de estos momentos y analizarlos a fondo, le permitirá reflexionar sobre sus hallazgos, como si fuera una persona ajena a la situación, y le abrirá la puerta al autoconocimiento, para ver lo que ocurre de una manera más objetiva. Será capaz de reconocer sus miedos y de enfrentar al mismo tiempo sus limitaciones y de aceptarlas para asumir su responsabilidad. De esta forma, valorará su estado emocional en dichas situaciones y observará cómo su conducta impacta a las personas a su alrededor.

Así que, si eres tú ese observador, sé consciente si lo que viste te incomoda y respóndete con honestidad: ***¿Es genuino tu deseo de cambio?***

SAL DE TU JAULA

Sin consciencia de nuestros patrones de pensamiento, elegiremos continuar con nuestras rutinas y echamos al lastre cualquier intención de transformación, porque para cambiar hay que enfrentar la incertidumbre, pero no saber lo que va a pasar es, por lo general, estresante y agotador para nuestro cerebro, lo que puede generar desasosiego respecto a lo que puede suceder y dudas frente a nuestras habilidades para superarlo, lo que nos puede llevar a desistir de nuestro propósito.

Sin embargo, el malestar que nos genera esa inseguridad es justo también la señal que le indica a nuestro cerebro que debe aprender algo nuevo, pero el aprendizaje solo sucede si tomamos la decisión de enfrentar la incomodidad que sentimos ante lo desconocido y actuamos, pues al hacer algo fuera de lo común, nuestro cerebro se ve forzado a prestar atención.

Es por esto que es recomendable cambiar de ambiente y buscar nuevas experiencias, para trascender nuestros bucles de pensamiento, lo cual podemos hacer de forma deliberada, mediante la modificación de nuestras rutinas y moviéndonos en entornos diferentes, ya que somos influenciados por todo lo que vemos, leemos y escuchamos. Solo así podremos ampliar nuestros horizontes, al influenciar el modo en que vemos la vida, nuestras costumbres, lo que decidimos consumir y hasta nuestra opinión sobre diferentes temas.

Pero esto solo lo alcanzamos cuando debilitamos la barrera de nuestro esquema mental limitado, porque nos vemos obligados a pensar de nuevas maneras, siendo también conscientes de que en todos los ámbitos, y de manera persistente, nuestro cerebro tenderá de manera instintiva a evadir las nuevas experiencias y a regresar a lo de siempre.

Esto es motivo suficiente para lograr un sano equilibrio entre esta nueva habilidad de búsqueda de nuevas experiencias y lo que intenta prevalecer. También debemos aprender a filtrar la información que nos llega de diversos medios y fuentes sobre distintos sucesos, ya que, aunque intente parecerlo, por lo general, esta información no es objetiva, pues siempre atiende a intereses de terceros que apelan de forma constante a nuestros miedos, en especial, a ese temor sobre el dinero, a través de mostrar solo escenarios negativos y catastróficos de la realidad.

Dado lo anterior, en nuestro proceso de cambio debemos tener los ojos muy abiertos y ser aún más selectivos con todo aquello que leamos, veamos, y escuchemos, y con quienes nos relacionemos, ya que, si nos dejamos llevar por el temor que nos infunden respecto a todo aquello que nos rodea, y solo se nos muestra una visión negativa y pesimista, persistirá nuestra forma de pensar respecto a la realidad que nos rodea, lo cual hará que aumente nuestra percepción del riesgo. Ante este escenario, tenderemos a profundizar el temor a la exposición que creeremos tener, y buscaremos de manera irreflexiva, mitigar dicho riesgo.

Para un tacaño, esto se traduce en que solo escuchar las noticias en la mañana, le produce una fuerte ansiedad por lo que el futuro le depara. Esto exacerba su temor a perder su empleo, a atravesar por una crisis económica y hasta a caer en la miseria, lo que reforzará de manera instintiva su tendencia a proteger lo que ha conseguido. Es por ello que cambiar su atmósfera a una que le permita ver toda la abundancia y generosidad que existe, lo pondrá en una tónica más positiva, lo cual lo tranquilizará gracias al efecto de expandir su visión.

En este proceso, también tendrá la oportunidad de conocer personas distintas, con las cuales pueda identificarse y empaparse de las conductas que quiere adoptar. En cuyo caso, la presión social es buena, porque la intención es estar rodeado de personas con las cualidades que desea emular, así es que, interactuar a diario con personas generosas, capaces de tener una vida significativa a través del dinero, irá con el tiempo modificando su mentalidad y haciendo que su estilo de vida tienda a ser más equilibrado, con lo cual adoptará poco a poco comportamientos que con el tiempo le parezcan normales.

En este nuevo ambiente, el tacaño tenderá a imitar lo que ve en quienes ahora lo rodean, porque recibimos una fuerte influencia de aquello que vemos a diario. Por esto es importante no menospreciar el poder de aquellos con quienes nos relacionamos, ya que es más grande de lo que pensamos, y mucho mayor de lo que estaríamos dispuestos a admitir.

De esta forma, de manera progresiva, estos nuevos comportamientos se irán reflejando en nuestros valores, creencias y forma de pensar, lo cual impactará también en las decisiones que tomamos, en nuestros sueños, en nuestro ánimo y nuestra actitud frente a la vida, todo lo cual incidirá de manera directa en el manejo que le damos al dinero.

Decidir, entonces, rodearnos de personas generosas, que saben administrar su dinero, que cuidan su bienestar y que llevan adelante exitosos proyectos de vida, tiene un gran impacto en nosotros. Si sabemos elegir a quienes nos acercamos, y de forma consciente permitimos que hagan parte de nuestra vida, nos inspirarán y retarán a ser mejores cada día, ya que nuestro círculo social determina en gran medida lo que somos, lo que aprendemos, cuánto evolucionamos y lo que logramos. Por lo tanto, al rodearnos de estas personas y exponernos deliberadamente a sus experiencias, amistades y perspectivas, nos permitirá expandir nuestra mente, lo que creará el ambiente propicio para el cambio que queremos lograr.

REFLEXIÓN 4

Toma como ejemplo una persona que admires y que consideres exitosa, rica y muy generosa, con una vida equilibrada con la cual es feliz, y observa lo siguiente:

¿De qué temas habla?

¿Cuál es su actitud?

¿Sonríe con frecuencia?

¿Qué palabras y expresiones utiliza en su cotidianidad?

Haz el ejercicio de imitar sus actitudes y comportamiento, e incorpora a tu vocabulario esas palabras y expresiones.

En lo personal, me encanta el aforismo anglosajón: «fíngelo hasta que lo logres», que sugiere que, al imitar la confianza, la competencia y una actitud optimista, una persona puede de forma gradual ir incorporando esas prácticas en su vida hasta lograr un cambio.

Recuerda que nuestro cerebro no distingue lo real de aquello que no lo es, por lo cual con esta práctica le estamos haciendo una encerrona, que nos puede ayudar a lograr un cambio de mentalidad que se refleje en una transformación real de vida.

CUENTAS CLARAS

Las personas que caen en la tacañería, por lo general, sienten miedo y se centran con exclusividad en todo lo malo que puede ocurrir. Como resultado, sus mentes viven creando los escenarios más catastróficos: si gasto dinero ahora, ¿tendré menos mañana? ¿Qué haré si llego a perder mi empleo? ¿Podré pagar mi renta el siguiente mes? ¿Tendré en mi vejez con qué vivir? En general, viven inmersas en el temor, sobreestiman sus riesgos y minimizan su capacidad de hacer frente a las eventualidades.

El efecto para una persona tacaña de proyectar todos sus temores acerca del futuro, es que la hace tomar medidas drásticas para disminuir sus gastos, pero rara vez la lleva a tener sus cuentas claras, para conocer su situación financiera real. Por lo tanto, asume que siempre su situación presente y futura es vulnerable, hasta el punto extremo de llegar a creer que vive en la miseria o que puede llegar a caer en una situación de pobreza extrema.

Esta es una situación de vida que percibe como desafiante, sin suficientes recursos para satisfacer sus necesidades básicas, dentro de un entorno familiar y laboral hostil y amenazante, por lo cual termina elaborando una visión calamitosa de su realidad, que, como vimos, valida a través de las malas noticias a las que se expone, o de la búsqueda de círculos sociales en los cuales aprueben sus quejas.

De esta forma, la mayoría de tacaños, tiene una visión distorsionada de sus circunstancias y desconocen cuál es su situación financiera real, ya que sus miedos los hacen creer que a duras penas tienen para cubrir su techo, su comida, el transporte y algunos gastos diarios, temores que podrían enfrentar haciendo cuentas para determinar cuál es su situación actual y su perspectiva futura, contemplando múltiples escenarios, con cifras en mano, determinando en primer lugar cuánto gana y cuánto necesita para cubrir su estilo de vida de manera holgada, y haciendo un presupuesto.

Es necesario que determine cuánto suman sus ahorros y, en el caso de que su ingreso cesara de repente, cuánto tiempo podría vivir con este monto de dinero hasta que logre restablecer su ingreso. A su vez, debe precisar de cuánto es el valor presente real de todos sus activos y qué tan fácil sería convertir estos en efectivo, como una opción adicional de recursos ante una eventualidad verdadera. Además, hay que contemplar la posibilidad de destinar una parte de sus recursos a contar con un fondo de emergencias que le permita vivir sin ingresos por el número de meses que estime, de forma que le genere tranquilidad.

Por último, en este ejercicio es necesario asegurarse ante los siniestros que tienen una mayor probabilidad de ocurrir y que representan un riesgo posible de pérdida del dinero que posee, tales como una enfermedad grave, un accidente de tránsito con daños mayores, lesiones a personas o un desastre natural que afecte su casa.

Esta tarea le permitirá situarse en su contexto real y le dará claridad sobre aquellos frentes en los cuales puede actuar para disminuir sus posibles riesgos, lo que también, con disposición, lo puede llevar a percatarse de que su situación financiera es mejor de lo que creía, lo cual le brindará, además, un panorama más completo y la posibilidad de ver los activos con los que cuenta desde una perspectiva diferente y con mayor confianza de que, así llegaran tiempos difíciles, podrá hacerles frente, porque ahora sabe con qué cuenta para responder.

YA TIENES LO QUE NECESITAS

Una persona tacaña se mete tanto en su paradigma de trabajar y acaparar que se olvida de vivir. De esta manera, habita en una ilusión permanente, donde cree que su único objetivo es acumular dinero, porque nada parece ser suficiente para hacer desaparecer su temor. Esto condiciona una buena situación financiera, su bienestar y el disfrute, a tener un monto de dinero imposible de alcanzar, porque este no es una meta finita. En el camino, desaprovecha oportunidades ciertas de consolidar su patrimonio, de asegurarse un capital para la vejez y de invertir, porque nunca se ha tomado el trabajo de determinar qué es suficiente.

Lo que con el tiempo se convierte en un mecanismo perfecto para evadir la realidad, porque desea algo que cree que no tiene, lo cual le envía una señal permanente a su cerebro de lucha por su sobrevivencia que solo le permite ver la carencia. De esta forma, se afianza la creencia de que debe conseguir más para tener una buena vida. En esta situación, termina hundido en la preocupación, en el estrés y en la ansiedad por conseguir el dinero que cree necesitar y no tiene.

Así que, si se quiere avanzar en romper el ciclo de la tacañería, aparte del ejercicio enunciado en el punto anterior, donde deberá determinar el estado de sus cuentas, será necesario también soltar tanto el pasado como el futuro, para poder comprender que su situación de vida es diferente hoy, y desapegarse de los recuerdos o expectativas de escasez. De esta manera, podrá vivir en su realidad actual, porque podrá reconocer en el presente lo que es y lo que puede hacer, sin vivir a la defensiva.

Solo de esta forma logrará transformar su vida y mejorar su situación financiera, sin resistirse a los cambios que debe hacer ni a la posibilidad de que sean sus acciones presentes y no su pasado, lo que determine su futuro. Podrá concentrar su atención en las acciones del ahora, como un factor determinante para el logro del resultado financiero que desea, con lo cual comprenderá que este dependerá siempre de su capacidad para encontrar el equilibrio.

Será consciente de sus decisiones para hacer lo que corresponde, y no se dispersará de sus objetivos, porque prestará atención a sus motivaciones, actuará con moderación y procurará un sano equilibrio entre la razón y la emoción. Empezará por balancear lo que gasta con lo que necesita, para vivir con bienestar y para procurar guardar coherencia con sus valores y prioridades de forma que pueda alcanzar la tranquilidad de construir y asegurar un sólido y próspero mañana, sin los excesos a lo cual lo lleva la tacañería.

APROVECHA TU OBSESIÓN

Como hemos visto, en la tacañería la idea de cuidar cada centavo da vueltas en la cabeza cada segundo, hasta llegar a un punto en que es un pensamiento permanente que domina, imponiéndose por encima de los demás pensamientos de manera repetitiva e inconsciente ante cualquier situación en la cual se tenga que gastar, lo cual se convierte en una reacción automática, generada por los miedos que albergamos, la cual hace que sea difícil evitarla o detenerla, puesto que recurrimos a lo aprendido de nuestras vivencias pasadas como una habilidad adaptativa para afrontar situaciones similares en el presente.

Esta es la forma en que un tacaño valida sus creencias y reafirma su identidad, basándose en ese pasado que ha determinado su comportamiento en el presente. Sin embargo, lo que la mayoría de las personas recordamos, es solo una percepción subjetiva de nuestras experiencias, sin darnos cuenta de que quizás esos recuerdos no se ajustan a la realidad, o le damos una mayor importancia de la que tuvieron.

Recuerdos que, muchas veces, nos llevan a martirizarnos por situaciones pasadas o a lamentarnos por las carencias con las que convivimos, debido a lo cual nos victimizamos por las circunstancias que tuvimos que pasar y nos arrepentimos de lo que no hicimos o nos culpabilizamos por lo que debimos haber hecho. Estas situaciones son las que un tacaño proyecta en su presente, lo cual lo lleva a emprender una batalla campal por proteger su dinero, a negar lo que puede hacer y a vivir a la defensiva, sin reconocer lo que ha logrado.

De esta forma, se resiste a cambiar y a la posibilidad de que sean sus acciones presentes, y no el pasado lo que determine su situación futura. Esta perspectiva de carencia lo mantiene en la preocupación, con una sensación de inmediatez y de impulsividad permanente, al creer que su vida depende del dinero como un objetivo *per se*, mientras pasa por alto que este es solo un medio y no un fin, y pone toda su atención en su cuidado.

Sin embargo, pese al gran empeño que pone un tacaño por proteger su dinero, se especializa tanto en la acumulación que hay una parte de la ecuación que suele olvidar, ya que está tan preocupado por la pérdida o la carencia absoluta de este recurso que suele olvidar ponerle un empeño igual a generar un mayor ingreso, a través de diversificar sus fuentes.

Diversificación que a muchos nos puede parecer de sentido común, pero que pocas personas la llevan a cabo, y que a una persona tacaña le ayudaría a concentrar su atención en disminuir sus riesgos, en lugar de cuidar minucias. Por ello, al haber determinado en el punto anterior de *Cuentas claras* el dinero con el que cuenta, no solo podrá disminuir sus riesgos, sino tener una visión más amplia, una nueva perspectiva con la cual también se harán visibles las oportunidades, como aquellas que le permitan disminuir lo que debe pagar por intereses al saldar de forma más rápida una deuda y la posibilidad de generar un ahorro para su vejez.

Incluso podrá percatarse de que existen en el mercado opciones en las cuales puede invertir unos recursos para obtener beneficios, las cuales permiten iniciarse incluso con montos pequeños, en inversiones conservadoras, pero que le permiten descubrir una forma que más allá de acumular, hará crecer su dinero. A su vez, en el proceso desarrollará la capacidad de soltar su dinero, ya que los tacaños son especialistas en el acaparamiento, pero no por ello están exentos de riesgo. De hecho, muchos pueden presentar una alta exposición dado el bajo nivel de inversión que realizan y la poca diversificación en los recursos que manejan, como resultado de su afán de acopio.

Entonces, poner su foco en diversificar sus fuentes y aumentar su nivel de ingresos, le permitiría tener algún grado de control sobre el riesgo al que pueda estar expuesto su ingreso principal, con lo cual podrá ver su situación desde otro punto de vista, donde su mundo no sea de carencia, sino de oportunidades, y acepte su vulnerabilidad, pero asumiendo la responsabilidad en centrar su esfuerzo en lo qué puede hacer hoy para vivir con bienestar, sin sentir que está en el vaivén de las circunstancias, sino, por el contrario, apostando más a aumentar y a diversificar que a jugar siempre a la defensiva. Esto significa comprender que su bienestar financiero depende de su capacidad de encontrar ese equilibrio y que la verdadera riqueza se genera, no cuando se guarda el dinero, sino cuando este se reinvierte.

CAPÍTULO 7: LA TACAÑERÍA EN LA PAREJA

Una de las preguntas por las cuales las personas llegaban al artículo de mi blog y que más me llamó la atención fue: ¿Cómo lidiar con un tacaño? Pregunta que hacían con tanta insistencia en los buscadores que me llevó a imaginar lo mal que lo estaban pasando. Así que, si esta es la razón por la cual tú estás leyendo este libro y te interesa conocer esa respuesta, es porque asumo convives con un tacaño y su comportamiento te amarga la existencia.

Tal vez tienes una relación amorosa con una persona mezquina y quieres decidir si la vuelves más seria, si continúas con ella o si le das fin, o quizá cuando conociste a tu pareja te percataste de que era tacaña, pero creíste poder batallar con ello, o guardabas la esperanza de que corrigiera su comportamiento y que, con tu ayuda, llegara a cambiar, lo cual no ha ocurrido.

Así que, es justo, porque sé de tus buenas intenciones, por lo cual hubiera querido darte una respuesta fácil y alentadora para tu noble propósito. Sin embargo, la realidad es que cada ser humano es único y complejo, por lo cual esta no es una respuesta simple, pero confío en que lo que leerás en este capítulo te brinde una luz para encontrar la respuesta que buscas.

Por ello, quiero empezar por una afirmación que quizá no es la que quieras leer, y es que *nadie puede cambiar a nadie*, a menos que esa persona decida hacerlo y puedas ayudarla, pues, como hemos visto a lo largo del libro, la relación con el dinero es personal y toca emociones muy arraigadas en nuestro subconsciente. Por ello no es de extrañar que el manejo que le damos a este recurso no sea del todo coincidente con el de nuestra pareja, pudiendo ser un punto de discusión y conflicto, debido a que todos tenemos diferentes prioridades y valores al respecto.

Es así como uno de los dos se puede mostrar preocupado por los hábitos de gasto del otro, porque es averso al riesgo y su prioridad es salir de deudas y ahorrar para el futuro, mientras que el otro considera que los gastos que realiza son necesarios para mantener su estilo de vida. Algunos, por su parte, acumulan deudas, y otros son inversores naturales que retrasan la satisfacción en pro de su libertad financiera.

Todas estas son características que muchos hemos manifestado en un momento dado o de acuerdo con la etapa de vida en la cual nos encontremos, con una mayor dominancia de algunas de ellas. Estos puntos de vista divergentes pueden ser solo argumentos sin mayor relevancia ni trascendencia en muchas parejas, mientras que a otras las puede llevar a un divorcio, y que, en el caso de un tacaño, se manifiesta de una manera extrema, con hábitos que no han sido reconocidos, abordados ni moderados, de forma adecuada, lo cual afecta a cualquier relación.

SEÑALES DE ALERTA

Como hemos visto, el perfil de nuestra relación con el dinero, desempeña un papel importante en la relación, la comunicación y las rutinas diarias de una pareja. Es por esto que, cuando no compaginamos ni estamos de acuerdo en la manera como manejamos el dinero, el conflicto surge de múltiples maneras.

Desavenencias que dan pie a relaciones poco honestas, en las cuales se mienten sobre el uso que le dan al dinero, se ocultan los ahorros, las inversiones, los gastos o las deudas, se guardan secretos o se omite comentar sobre las decisiones financieras que se toman. De esta forma, realizar transacciones sin informarle al otro se convierte en algo cotidiano.

Tampoco se toman decisiones conjuntas antes de hacer compras grandes o de dar pasos que afecten las finanzas de la pareja, y rara vez se puede tocar el tema del dinero sin entrar en una fuerte discusión. Por lo tanto, se convierte este en un tema del cual no se habla, dando como resultado que ninguno de los dos puede o quiere establecer metas financieras comunes, o se establecen objetivos en torno al dinero que nunca se cumplen. De esta forma, se va creando con el tiempo una mayor tensión y dificultad en la relación, que, de no manejarse, puede llevar al final de esta, porque ambos son infelices.

Es por esto que no sorprende que la incompatibilidad en el manejo del dinero sea una de las principales causas de separación en las parejas y de peleas que incluso continúan durante los procesos de divorcio, debido a que en los casos como la tacañería, esta no se limita al dinero, sino que permea otras circunstancias, lo cual genera un daño continuo en la relación por la falta de empatía, amabilidad, respeto y cuidado mutuo que se interpretan como amor y se esperan en una relación.

Es posible que se presenten problemas que suelen hacerse más visibles a medida que la relación avanza y se profundiza, porque van surgiendo resentimientos, dudas y luchas continuas por quien tiene un mayor control sobre las decisiones del dinero en la relación. Es así que la tacañería siempre hará sufrir a ambos en la pareja, como producto de una relación marcada por la inequidad.

CUÁL ES EL LÍMITE

Como hemos visto, el no estar de acuerdo con la pareja en la manera en la cual se maneja el dinero conduce a erosionar de forma lenta la relación y generar frustración. Por ello, si se quiere luchar para mantener la relación, hay que empezar por aceptar que no se puede cambiar a nadie, sino que solo puedes cambiarte a ti mismo y a tus propias reacciones. No obstante, modificar tu propio comportamiento puede motivar a tu pareja a hacer algunos cambios. Tal vez comience a responder de manera diferente a las situaciones difíciles.

De esta forma, por ejemplo, si se ha tenido la misma discusión una y otra vez, se puede tomar la decisión de no discutir más sobre el tema, ya que podrías comenzar a asumir el papel de observador que mencionamos en un capítulo anterior, para conocerte a ti mismo y lograr ser consciente de tus propias actitudes, comportamientos, expectativas, recuerdos o preocupaciones, desencadenantes de la situación.

Luego, aunque te parezca prematuro y duro, pregúntate cuánto tiempo estás dispuesto a permanecer con tu pareja si las cosas no mejoran. Decide también con cuáles de los comportamientos roñosos con el dinero que percibes como negativos en tu pareja puedes vivir y cuáles son intolerables. Analiza qué harías si llegaran a darse algunos cambios favorables, y cotéjalos con tus expectativas. Sé honesto y respóndete si estarías dispuesto a adaptarte a las situaciones irritantes y dolorosas de tu relación, o determina si esto no es de ninguna manera posible. Si tienes hijos, evalúa qué es lo mejor para su bienestar y cómo les impactaría cualquier decisión. Abre tu mente a la posibilidad de que tu pareja puede no conocer la gravedad de lo que sientes, y es posible que no esté tan frustrada e infeliz como tú con la relación.

Al final de toda tu observación y reflexión, si concluyes que estás dispuesto a continuar con tu relación, tú y tu pareja deben tener una charla tranquila y honesta sobre el dinero, los hábitos, las metas y las preocupaciones de cada uno. En dicha conversación, deben buscar identificar los comportamientos que resultan insostenibles y enfrentar todo aquello referente al manejo financiero que está socavando su relación.

Esta es una conversación en la que debe involucrar una alta dosis de paciencia y gestión de las emociones, ya que los problemas de dinero implican discusiones en las que se quiere expresar todo lo que se siente, así que habrá que controlar el ego para expresarse sin herir al otro, así como también evitar caer en la tentación de demostrar quién de los dos tiene la razón o querer endilgar al otro la responsabilidad que creemos tiene o debe asumir en relación con el manejo del dinero. Debemos tener mucho cuidado de no herir susceptibilidades cuando uno de los dos tiene dependencia económica parcial o total del otro.

Por lo tanto, es recomendable abandonar las expectativas previas que se tienen, y estar abiertos a contemplar múltiples posibilidades y a llevar una conversación sin ataques, con disposición de escucha e intención de avance. Debemos parar de inmediato si los ánimos se caldean, para retornar a la conversación cuantas veces sea necesario, con el fin de lograr un verdadero entendimiento.

Debemos ser honestos y sincerarnos sobre nuestros gastos, metas de ahorro y planes futuros. Es necesario intentar comprender cuál es la forma en que cada miembro de la pareja considera que se debe manejar el dinero, porque tratar de empatizar con el fin de encontrar puntos de coincidencia de cara al futuro, es primordial, y para ello hay que tener en cuenta las aspiraciones y planes financieros de nuestra pareja. Con lo cual, si existe disposición de ambas partes, pueden encontrar una solución común, para llegar a acuerdos que funcionen para todos.

ACUERDOS DE DINERO EN PAREJA

Para llegar a un acuerdo, hay que poner todas las cartas sobre la mesa y ser transparente, sin juzgar ni culpar, sino, por el contrario, conocer la situación actual, definir las prioridades, conciliar y establecer objetivos compartidos por los que ambos trabajen, metas que involucren manejar un presupuesto, especificar los gastos y aumentar los ingresos. Es necesario encontrar el punto de equilibrio y establecer un sistema de mutuo acuerdo para manejar el dinero, para así evitar peleas a futuro.

Para lograr dicho objetivo, se puede decidir, por ejemplo, unir o separar las cuentas, estableciendo lo que mejor funcione para la pareja, porque, así como cada individuo es único, cada pareja también lo es, y lo que funciona para otros, puede no funcionar para ustedes. De esta manera, muchas parejas deciden unir por completo sus finanzas y llevar cuentas de manera conjunta, mientras que otras, donde hay algún grado de dependencia económica, establecen cuotas mensuales para gastos. Mientras que otros, por su parte, unen sus recursos de manera parcial, pero, llevan sus gastos personales de manera individual para mantener su independencia.

Nada es correcto o incorrecto, sino que se debe no solo determinar, sino probar, lo que funcione mejor, teniendo en cuenta que cada modalidad presenta ventajas y desventajas, ya que al final lo importante es que ambos estén de acuerdo y sientan que la decisión que tomaron es justa y equitativa para los dos, y que conlleva al bienestar para las dos partes, lo cual permitirá planificar y aportar a las metas financieras a largo plazo, así como también apoyarse económicamente cuando lo necesiten.

CAPÍTULO 8:
PASOS HACIA LA GENEROSIDAD

La mentalidad de escasez amplifica la percepción de las desgracias en la vida y limita nuestra capacidad de sentir satisfacción con nuestra existencia. Por lo tanto, si sentimos que carecemos de algo, la mente estará ocupada tratando de conseguirlo sin disfrutar del proceso de obtenerlo. De modo que no seremos capaces de relacionar aquello que vamos a conseguir con el placer y, por tanto, lo convertiremos en una simple tarea que nos llevará a cubrir una necesidad que creemos tener. Pero, además, aprovisionándonos de lo más que podamos de ello, por temor de perder lo que tanto nos ha costado conseguir.

Este tipo de mentalidad nos lleva a acumular, con una fuerte misión de proteger eso que creemos necesitar, con lo cual nos olvidamos de disfrutarlo, y así, mucho menos se nos pasará por la mente compartirlo con los demás. Es entonces, cuando ensimismados en este objetivo de acumulación, nos olvidamos de los demás y nos transformamos en personas acaparadoras y egoístas, porque nunca creemos tener suficiente.

De esta forma, las personas avaras, tienden a ser muy racionales, porque bloquean sus emociones, por lo cual suelen mirar hacia otro lado cuando se trata de ayudar a alguien, sin generar ningún tipo de empatía, la cual, a la larga, es ese vínculo humano que a la mayoría nos permite ponernos en los zapatos de los demás, estar abiertos a ayudar y ser generosos, porque nos lleva a estar dispuestos a ser más solidarios y a dar sin esperar nada a cambio.

De modo que la generosidad no se limita al dinero y, adicionalmente, se irriga a muchos aspectos de nuestra vida, porque nos lleva a tener en cuenta las necesidades de quienes nos rodean en todo lo que hacemos. Sin embargo, lo que para unas personas suele ser espontáneo, para un tacaño implica hacer un gran esfuerzo para superar su mentalidad de escasez. Sin embargo, con la intención de serlo, se puede encontrar muchas maneras creativas de ser generosos, las cuales no necesariamente implican dar dinero.

SÉ GENEROSO CONTIGO MISMO

Es fácil detectar una persona ruin cuando se trata de contextos sociales donde se debe gastar dinero en los demás, pero este tipo de comportamientos son aún más difíciles de comprender cuando las personas son también tacañas consigo mismas y les cuesta pagar por las cosas que ellos mismos necesitan. La lista de razones para explicar este miedo a gastar el dinero sería interminable, pero lo que es claro es que hay una evidente desconexión con la satisfacción y el bienestar que este recurso nos brinda.

Esto se hace visible en muchos aspectos, por ejemplo, la imagen de una persona tacaña puede lucir deteriorada, ya que lleva ropa desgastada e incluso en un estado deplorable, su aspecto es descuidado, no se hace un corte de cabello profesional, no acicala su barba o arregla sus uñas y rara vez compra algo para sí, pues afirma no necesitarlo o siempre dice estar esperando a que haya una ganga que haga que los precios bajen.

Cuando va a comprar, tarda una eternidad en decidirse. Pierde horas comparando precios y siempre está en la búsqueda de obtener cosas gratis. Tampoco invierte en el mantenimiento y mejoras de su vivienda, no gasta en diversión y mucho menos en algo que lo haga sentir bien o que le genere la sensación de disfrutar, y si lo hace, se arrepiente, se lamenta y se siente culpable.

Sin embargo, por extremas que nos parezcan estas situaciones, la solución para un tacaño, no es salir y derrochar su dinero, sino resignificar este recurso en su vida, ya que, para él, sus conductas son normales, pues no se da cuenta del daño que estas ocasionan en su vida, lo cual no le permite lograr una sana relación con el dinero.

Así darle un nuevo significado al dinero, puede ser el precursor del cambio en su vida, pero toma tiempo y disposición hacerlo. Por ejemplo, para mí, que tiendo a ser una persona racional, me costó varios años de mi vida aprender a no preocuparme en exceso por el dinero y por mi futuro financiero, pero la satisfacción en gastar el dinero nunca la encontré en las cosas materiales, sino que descubrí un significado más profundo de este recurso. Sin embargo, el detonante para el cambio en mi relación con el dinero no fue el miedo a perderlo, sino la frustración de no disponer del tiempo para hacer las cosas que deseaba en mi vida, ya que por casi veinte años trabajé como empleada, sin embargo, vivía con el descontento de no poder disfrutar de lo que yo consideraba importante y de no ser más productiva. Estaba obligada a cumplir un horario de oficina de ocho a cinco, sin contar, además, con las largas horas que tenía que pasar detenida en el intenso tráfico, tiempo que bien podría estar mejor aprovechado.

Eran otros tiempos y sin la tecnología ni las conexiones con las que se cuenta hoy en día, así como tampoco había las opciones de trabajo más flexible o teletrabajo, como las que se tienen en la actualidad. Solo sentía que mi tiempo se perdía. Sin embargo, yo ansiaba más de la vida, quería disfrutar de mi maternidad y ser una mamá más presente con mi hija, compartir más tiempo en pareja, poder visitar con mayor frecuencia a mis padres y tener más tiempo personal.

Mirando en retrospectiva, lo que en un principio me pareció ser muy atractivo en ese trabajo, que era en esencia el dinero, de forma rápida dejó de serlo. A mayor demanda de tiempo en el trabajo, sentía cada vez más que ya no había dinero que reemplazara el poder disponer de mi tiempo, pues los fines de semana y las vacaciones ya no eran suficientes para compensar el estrés y el cansancio del trabajo agotador que tenía.

De modo que, en algún momento, empecé a ahorrar con el propósito de dejar de ser dependiente de un empleo. Con ese dinero luego realicé algunas inversiones con el principal objetivo de tener la libertad de poder decidir qué hacer con mi tiempo. Entonces, con lo años, mi vida fue dando un vuelco en beneficio de lo que en ella contaba con un real significado.

Hoy, como lo he hecho en toda mi vida adulta, continúo viviendo por debajo de lo que mi ingreso me permite, porque para mí vivir sin excesos y con holgura equivale a poder tomar las decisiones con libertad en mi vida y tener tranquilidad, sin escatimar en el gasto de lo que considero valioso para mí y los míos, que lo considero siempre como inversiones.

De esta forma, hoy, por fortuna, tengo total claridad de lo que valoro, un estilo de vida apacible, simple y práctico, en el cual me siento realizada y feliz para disfrutar aún más de los míos y de hacer lo que me gusta. En este estilo de vida el dinero se ha convertido en aquello que me permite esa libertad, para decidir qué quiero hacer, y es el medio para lograrlo, con lo cual, sin ser lo más importante, sí es una pieza fundamental para tener a mi entera disposición el tiempo, que, en mi opinión, es la vida misma.

Basándome en mi experiencia, entonces, creo que dejar de ser tacaño no se trata de gastar el dinero en lo que los demás consideran importante, sino en lo que para ti es valioso, para lograr de esta manera conectar el gasto con la satisfacción que el dinero puede traer a tu vida, enmarcado dentro de valores únicos y personales que te hagan sentir pleno y feliz, para encontrar la verdadera sustancia de tu existencia, eso que te hace sentirte realizado, con un real sentido de propósito, que, con toda seguridad, no es acaparar ni acumular dinero.

REFLEXIÓN 5

Hazte estas preguntas:

¿Cuál es tu sueño?

¿Qué es para ti una vida ideal?

¿A qué te gustaría dedicar tu tiempo?

¿Qué te gustaría aprender?

A medida que las respondas, podrás ir realizando pequeños gastos que te acerquen a cumplir esos deseos. Por ejemplo, puedes comprar un dominio con el nombre del negocio que sueñas tener. Dedicar una tarde a la semana a llevar a tus hijos al parque, a jugar con ellos y a sentir que merecen disfrutar de un rico helado. O si tu intención es aprender a cocinar, puedes empezar a seguir a un chef profesional y adquirir los ingredientes para esas exquisitas recetas.

De esta manera, estarás dando el primer paso para ser generoso contigo mismo, porque gastarás el dinero en lo que es importante en tu vida y te da un profundo placer y satisfacción. Como beneficio indirecto, esto te permitirá ocupar tu mente en otra cosa que no sea tu preocupación por el dinero. De esta forma, se te generará el deseo de liberar más tiempo para el disfrute de estas actividades, con lo que te darás cuenta de que el dinero es bastante útil cuando hace nuestra vida más fácil y amena.

Quizás, más adelante puedes sorprenderte al descubrir que en lugar de cortar el césped, preferirías que alguien lo haga por ti, para así poder dedicar más tiempo a tu emprendimiento; o que en lugar de desplazarte tanto para comprar los alimentos más baratos, decides comprarlos al lado de tu casa para poder tener tiempo para tomar tu clase de gastronomía; y tal vez decidas que este año la bonificación de tu trabajo será para tomar unas vacaciones en el exterior con tu familia. Te permitirás comprender que el dinero en sí no es lo que trae satisfacción en la vida, sino que es lo que hacemos con él lo que nos permite un mayor bienestar.

LA GRATITUD

En muchas de nuestras culturas, dar las gracias es un acto de cortesía o amabilidad por lo recibido. Sin embargo, la gratitud puede ir más allá de este simple gesto, de hecho, puede convertirse en un hábito diario que tiene muchos beneficios, más allá de los que son obvios y que pueden ayudar a romper los patrones de cicatería del tacaño.

La gratitud nos permite empezar por reconocer lo que tenemos en nuestra propia vida, la salud, nuestros seres queridos, un trabajo que nos provee de un ingreso o el techo que nos cobija. Así es como este simple acto nos pone en perspectiva y centra nuestra atención en agradecer por lo que tenemos, al tiempo que nos permite descubrir y ver todo lo positivo que hay en nuestra vida, lo cual antes pasábamos por alto o dábamos por sentado. De esta forma, la gratitud nos trae coherencia y perspectiva, ya que, con la práctica, también podremos reconocer la capacidad que hemos tenido de lograr tantas cosas positivas, lo cual aumentará nuestra seguridad y satisfacción personal hacia la vida.

Agradecer, además, nos ayuda a desconectar del ruido mental permanente que tenemos por el dinero y la testarudez diaria de no gastar un solo centavo, porque nos ubica en nuestra situación de bienestar presente y nos permite habitar la sensación de confianza respecto a lo positiva que puede ser nuestra vida en el futuro, con lo cual evitaremos quedarnos atrapados en el pasado, alrededor de emociones como el resentimiento, la culpa o la depresión, o imaginando siempre un futuro catastrófico.

La gratitud libera dopamina en nuestro cerebro, lo que aumenta nuestra sensación de bienestar y nos permite mantener sensaciones más positivas en nuestro día a día. Es un poderoso neurotransmisor que nos hará sentirnos motivados, concentrados y creativos. De esta forma, nuestras emociones y comportamiento cambian, con una fuerte propensión a ser más sociables y empáticos con quienes nos rodean, lo que nos puede impulsar a ser más solidarios y generosos. Si quieres probarlo, intenta el reto de escribir a diario, durante treinta días, diez cosas por las cuales puedes agradecer en tu vida, y sé consciente de cómo te sientes cuando agradeces a diario.

COMPARTIR CONOCIMIENTO, IDEAS O INFORMACIÓN

Recuerdo que antes de Internet, existían pocos programas de cocina en la televisión. Todos ellos, con reconocidos chefs de mucho prestigio. Eran programas con una producción profesional, bella fotografía, guiones muy cuidados, recetas elaboradas e ingredientes perfectos. Todo era sublime en estas producciones que, si bien es cierto eran entretenidos en su época, en realidad eran muy poco útiles para aquellos que no teníamos ingredientes tan sofisticados en casa ni dotes para la cocina.

Con el pasar de los años, estos formatos continúan existiendo, pero hoy conviven con los videos gratuitos para un novato que busca como freír un huevo para el desayuno. De hecho, hoy mi canal preferido de cocina es el de una ama de casa con dos hijos que aprendió a cocinar de forma empírica, la cual no solo me divierte, sino que me hace compañía en mi cocina, porque es como si estuviera conversando de tú a tú con una amiga que se mete en casa a la hora de la comida. Sin contar con que me es súper útil, porque para personas como yo, que tengo el tiempo medido, me evita tener que ponerme a pensar qué voy a cocinar, porque ella me da la idea y además siempre tengo los ingredientes que se necesitan en la refrigeradora y en mi alacena, ya que estos son comunes y simples. Así que preparar sus deliciosas recetas no me toma más de veinticinco minutos.

Con este ejemplo, quiero ilustrarte que todos tenemos algo que enseñar, porque en el aprendizaje, hay niveles, y aunque no te consideres un experto, lo que sabes puede serle útil a alguien más. Entonces, una forma fácil de empezar a ser generoso es compartiendo ese conocimiento, esas ideas o toda la información que pueda ayudar a hacer más fácil la vida a otros. Basta con estar atentos en nuestra cotidianidad a cuando alguien pregunta algo que tú sabes, porque tus ideas pueden aportar, así como también puedes compartir alguna solución que te ha funcionado en situaciones similares, pequeños actos de generosidad que no implican un mayor esfuerzo, pero que pueden marcar la diferencia para alguien que lo necesita, y una vez lo hagas, trata de ser consciente de cómo te sientes y pregúntate: ¿Me siento bien conmigo mismo? ¿Estoy de mejor ánimo? O incluso: ¿Soy más feliz?

Recuerda siempre esa sensación de bienestar cuando das, porque encontrarás que cada vez que concedes algo, estarás más dispuesto a continuar dando, lo que en paralelo te permitirá mejorar tus relaciones y la forma como eres percibido en los diferentes grupos sociales con los cuales interactúas. Con el tiempo, esto se convertirá en una fuerte motivación, ya que a los seres humanos nos gusta pertenecer y ser aceptados, para lo cual la generosidad es una gran puerta de entrada.

LA GENEROSIDAD CON EL TIEMPO

Hace unos años conocí una persona a la que le encantaba leer. En aquella época era estudiante universitario y todas sus tardes iba a una pequeña librería donde se vendían libros de segunda mano, y dedicaba tres horas a leer los libros que nadie había podido categorizar, para aclarar a qué sección pertenecían. Esta pequeña librería recibía un gran volumen de donaciones de libros, y, al venderlos, recaudaban fondos para una fundación que apoyaba a refugiados. De esta manera, con su aporte, los libros que hubieran permanecido en bodega varios meses, en pocos días estaban listos para ubicarlos en la estantería correcta y se podían vender de forma más rápida. Este universitario había encontrado así una manera de donar su tiempo a una causa que le tocaba, además de que hacía algo que disfrutaba: leer.

Es así como, cuando logramos hacer este tipo de conexión para contribuir con nuestro tiempo, estamos siendo generosos con algo más valioso que el dinero, porque estamos apoyando causas que nos tocan el corazón y nos mueven a ayudar. Las formas de contribuir son infinitas a través de actos que, en apariencia, pueden ser simples, pero, de una gran relevancia por el impacto real que tiene tu contribución en la vida de muchas personas.

CELEBRA A LOS DEMÁS

Me atrevería a pensar que a la mayoría de las personas no nos gusta sentir envidia, pero todos hemos experimentado este sentimiento. Sin embargo, estoy segura de que muy pocos, de manera consciente, quieren atravesar por el dolor de desear lo que otro tiene y, peor aún, de experimentar la impotencia que se siente de no poderlo conseguir. Al menos eso es lo que se crea cuando sentimos envidia, bien porque apelamos a nuestras inseguridades y pensamos que no somos tan capaces o buenos como esa persona para lograrlo, o porque creemos que lo que el otro tiene es limitado, entonces deducimos que, si esa persona lo tiene, se acaban nuestras posibilidades de obtenerlo, de modo que nos quedaremos sin nada.

Todas estas son apreciaciones subjetivas de una realidad que vemos a medias. Sin embargo, siempre he creído que detrás de la envidia se esconde la admiración, así, mientras una nos lleva por el camino de la desdicha, la otra nos inspira a querer ser mejores, con un deseo genuino que surge cuando cambiamos de perspectiva y somos capaces de reconocer y de valorar al otro. Entonces, en lugar de pensar que, si el otro tiene algo equivale a que no lo voy a poder obtener, puedo cambiar de perspectiva y ver que en realidad esa persona me demuestra con lo que ha logrado, que aquello que deseo es posible de alcanzar.

Debemos eliminar por completo la percepción de amenaza que sentimos frente a nuestros intereses y, por el contrario, motivarnos a conocer su historia y a aprender de lo que han hecho para pasar a la acción. De esta manera, esta forma alternativa de ver el éxito en los demás, nos pone en la dirección de lograr lo que queremos, nos centra en nosotros mismos y nos enseña a valorar lo que cuesta intentar algo. De esta forma, se nos facilita el camino hacia la generosidad, porque nos hemos convertido en personas capaces de reconocer y de celebrar lo que otros son y han logrado.

Así que proponte reconocer y exaltar el buen trabajo y los logros, realizar cumplidos, animar a otros con más frecuencia, apoyar los objetivos de quienes te rodean, contribuir a sus causas y recomendarlos, todas ellas maneras fáciles de apoyar y de ser generoso con los demás, sin que te cueste un centavo.

GENERAR VALOR A TRAVÉS DEL PROPÓSITO

El propósito es ese impulso vital que sientes, el motor que te pone en marcha y lo que da dirección a tu existencia, esa razón por la que despiertas cada mañana y te hace levantarte de la cama; propósito que algunas personas desarrollan en su talento o su vocación, otras lo encuentran en la responsabilidad por su familia y el cuidado y el amor que les brindan y muchos más lo descubren a través de una causa que las mueve. De esta forma, ese propósito se puede encontrar expresado en muchos aspectos de la vida, y es totalmente personal, influirá en tu comportamiento y te guiará por un camino diferente al de los demás.

De esta manera cuando encuentras tu propósito, le das claridad a tus valores y a tus objetivos, y puedes elegir el estilo de vida que quieres tener, porque la manera en la que decides vivir sí importa, ya que cuando sabes que tu vida tiene chispa, es vibrante, apasionante y siempre hay algo más por descubrir, aprender, crear y vivir, es así como logras dar significado a tu existencia. De esta manera, al sentirte mejor respecto a la forma en que vives tu vida, contribuyes a mantener una sensación de mayor bienestar, proceso en el que también te das cuenta que encontrar tu propósito se parece mucho a encontrarte a ti mismo.

Propósito que, si no lo has hecho ya, hay infinidad de maneras de descubrir. Por ejemplo, utilizando las quejas que tienes o les escuchas a los demás, ya que puedes ayudar a resolver el problema que estás viendo en ellas, con lo cual estarías convirtiendo esos lamentos en soluciones, mediante el uso de tu creatividad y poniendo en marcha tus ideas y tu capacidad para resolver problemas. Así mismo, también puedes estar atento a notar aquello en lo que eres muy bueno, eso que los demás resaltan de ti y te agradecen, las competencias, las habilidades y los talentos que vemos como normales en nosotros porque siempre los hemos tenido, pero tras los cuales puede estar encubierto algo maravilloso.

Tú propósito también puede estar en aquello que en la actualidad te indigna, te produce mucho dolor o crees que es una injusticia, porque allí están aquellas causas que te mueven. También puede estar en aquellas tareas que haces cada día, por el simple placer que te genera hacerlas, aquellas en que no recibes dinero, pero que disfrutas tanto ejecutarlas que el tiempo pasa sin que te des cuenta. Propósito que puedes descubrir en aquello que despierta tu curiosidad o te apasiona, eso de lo cual siempre has querido saber más, aprender o simplemente quisieras probar.

Cuando encuentras tu propósito, se te facilita descubrir quién eres, reconocer y aceptar tus miedos y tener mayor claridad sobre lo que debes hacer, ya que es una fuerza que, aún sintiendo miedo, te da el impulso para tomar acción en tu vida, y crea en ti un sentido de urgencia para actuar en consecuencia y hacerlo realidad. De esta forma, de repente, te darás cuenta de que cuando se tiene un propósito, poco te importa lo que piensen los demás, porque estás haciendo algo que es importante para ti, porque aunque suene en un principio egoísta, tu propósito es tuyo y en un principio lo haces por ti.

Lo paradójico y a la vez maravilloso de vivir tu propósito es que, así no sea en un principio tu intención inicial, terminarás en el proceso generando valor a los demás. Encontrarás que cuanto más das a través de tu propósito, más satisfecho estarás contigo mismo, en un círculo total de generosidad, en el cual cuanto más aportas, más recibes. Podrás dejar atrás la tacañería, para abrir paso a una existencia en equilibrio, abundante, plena y feliz.

¡Gracias!

Sé que antes de elegir esta lectura, tuviste múltiples alternativas. Por ello no tengo palabras para expresar el profundo agradecimiento que siento de que te hayas decidido por esta obra.

Por lo tanto, si mi libro te gustó y lo has encontrado útil y enriquecedor para tu vida, me encantará conocer tu testimonio, así que te agradecería que compartas tu opinión en Amazon. Tu reseña es muy valiosa, porque a través de ella permites que muchas más personas lo conozcan.

Puedes dejar tu opinión en la página de este libro en Amazon o en cualquiera de los siguientes apartados: Opiniones de Clientes, *Customer Reviews* o *Write a Customer Review*, en Amazon.

¡Gracias por tu apoyo!

www.ingramcontent.com/pod-product-compliance
Lightning Source LLC
La Vergne TN
LVHW100402051026
849518LV00003B/1120
* 9 7 8 8 4 1 9 7 0 5 4 0 2 *